未来，相信而看见

马云的商业管理智慧

星野 | 编著

JACK MA:
WE BELIEVE
THE FUTURE
THEN WE SEE THE FUTURE

浙江人民出版社

前言

马云，一个令人叹为观止的人物！随着阿里巴巴在美国的上市，马云的身价也达到了2000多亿美元，美国总统特朗普上任不久便邀请马云会面40分钟。马云的名字不仅传遍了大江南北，还震撼了世界。

如今风光无限的马云，曾经也是一个穷小子。马云出生在浙江绍兴的一个农村，曾经是一位名不见经传的老师。辞职创业后成立海博翻译社，为维持生计，他背着大麻袋卖小礼品、卖书、卖衣服、卖手电筒；为了推销中国黄页，让别人把企业资料放到网上去，他费尽口舌，奔波劳碌，但却没有人相信他，视他为骗子、疯子、傻子。

如今，马云成功了，从穷小子一路成长到中国首富，再也没人觉得他是骗子、疯子、傻子了。现在，马云是偶像，受人崇拜；马云是教父，人人都想受教于他；马云是目标，亿万人都想要追赶。

《麻省理工科技评论》公布了“2017年全球50大最聪明公司榜单”，中国入选榜单的9家公司里，马云就独占两席。

从普通的老师到成功的企业家，从0到千亿美元，马云是怎么实现这一人生跨越的呢？他有哪些成功智慧呢？

《未来，相信而看见：马云的商业管理智慧》将从五个方面为大家一一展现。从创业到发展，从经营到管理，从战略到用人……深入浅出的解读，条分缕析的破解，让你对马云、对马云的成功之道一清二楚。

了解马云，你会知道——

这个世界不是因为你能做什么，而是你该做什么；

电子商务只是一条“摆渡的船”，未来10年、20年只有新零售，纯电商时代很快会结束，必须打造新零售使线上、线下与物流结合，使公司从“比谁做得更快”向“消灭库存，让企业库存降到零”转变；

关系特别不可靠，做生意不能凭关系，做生意也不能凭小聪明；

建一个公司的时候要考虑有好的价值才卖，如果一开始就想卖，你的路可能就会走偏掉；

不要贪多，做精做透很重要，碰到一个强大的对手或者榜样的时候，你应该做的不是去挑战它，而是去弥补它；

做战略最忌讳的是面面俱到，一定要记住重点突破，所有的资源在一点突破，才有可能赢；

小企业有大的胸怀，大企业要讲细节；

聪明是智慧者的天敌，傻瓜用嘴讲话，聪明的人用脑袋讲话，智慧的人用心讲话……

读完此书，你会明白——

所有的伟大都是从平凡开始的，所有的成功都是从失败中不断总结来的，心急吃不了热豆腐，一口吃不成胖子，任何期望一下子就做强、做大的企业，往往都会以失败告终；

我们可以狂，但不能用其他人来显示我们的狂；

作为企业管理者，一个重要责任就是最大限度地开发员工的潜能，让腰粗的人背土——不伤力，让腿粗的人挖土——有劲，让驼背的人垫土——弯腰不吃力，让独眼龙看准绳——不分散注意力；

“欲致鱼者，先通水；欲致鸟者，先树木。水积而鱼聚，木茂而鸟集”，企业要壮大人才队伍，必须舍得投入；

世界上90%的生意是“谈”出来的，一个人纵使学富五车，满腹经纶，如果表达不出来，那么他的魅力会大打折扣，尤其是处在现在这样一个高速发展的时代，厉害的人比比皆是，要在芸芸众生中脱颖而出，让别人选择你、认同你，会说话才是硬道理！

从 0 到千亿美元，阿里巴巴的成功不是一蹴而就的，它是经历了无数磨难、解决了无数困难、坚持了无数次的坚持后，才有了现在的欣欣向荣。同样，一个人的成功智慧也不是一学就会的，需要你翻开此书，慢慢琢磨，细细领会，不断实践，将理论化为执行力，一步一步创造属于自己的传奇。

目录

第一章　苦难辉煌

成功不能太着急,扛下去才有机会 …… 2
做好口碑,活下来是第一步 …… 2
短暂的激情不值钱,持久的激情才赚钱 …… 4
自信起来,耐得住,不着急 …… 6
回归理性,沉淀一下再开始 …… 7
没有人想知道你经历了什么 …… 9
三子登科,成功需要有点疯癫劲儿 …… 9
困难时,用左手温暖右手 …… 11
在犯错纠错中壮大 …… 12
奇迹由自己创造 …… 14
人们更愿意相信一个有原则的人 …… 14
早一点对自己说 Yes,就不会那么糟 …… 16
专注于单一目标,反倒有所成就 …… 18
以"初生"的势头向前进 …… 20
没有优秀的理念,只有脚踏实地的结果 …… 21
成功不是计划出来的 …… 21
最大的失败就是放弃 …… 23
给梦想实践的机会,否则你永远没机会 …… 25
被拒绝了,再尝试一次 …… 27

做好自己，才是生存的根本 …… 29
有傲骨，但不要有傲气 …… 29
淡然一点，洒脱一些，赢得尊重 …… 31
不矫揉，不造作，方成大器 …… 33

第二章 得道者成，失道者败

没文化，战五渣 …… 36
带小公司靠能力，管大企业靠文化 …… 36
没有目标和价值观的企业走不远，长不大 …… 37
给员工建立一个为之奋斗的小目标 …… 39
反匿名、不干预，是种尊重 …… 41
做企业，而不是做生意 …… 43
永远不要把赚钱作为第一目的 …… 43
让对方赚钱，自己才会赚到钱 …… 45
顾客的抱怨比赚钱更重要 …… 47
竞争不是洪水猛兽 …… 49
把竞争当作给予，把对手视为福分 …… 49
选择优秀的对手，不与地痞流氓为伍 …… 51
在竞争中合作，实现双赢 …… 53
进攻者，永远都有机会 …… 54
既做到知己，也做到知彼 …… 56
思路对了，天下没有难做的生意 …… 58
电子商务只是一条摆渡的船 …… 58
选择正确的商业模式很重要 …… 61
悄悄进村，迅速抢占市场 …… 63

因势利导，推出阿里软件 …… 65

敢于差异化，拥有别人没有的 …… 68

不明觉厉时，关注战略即可 …… 68
失去"第一"，将失去存在的意义 …… 70
倒立思维，从下往上看世界 …… 72
把不占优势的事情发挥出潜在的优势 …… 75

顾客至上，客户第一 …… 78

企业的最大靠山是市场和客户 …… 78
把顾客放在第一位 …… 80
为客户提供有价值的服务 …… 81
用真心去打动客户 …… 83

第三章 尽人之智，成己之事

吸引人才，知人善任 …… 86

一流的企业文化，引来一流的人才 …… 86
用人紧扣"企业发展需要"这根弦 …… 88
小企业可以用游击队，大企业必须依靠正规军 …… 90
适用，即人才 …… 92

再厉害，也只能跑一棒 …… 94

团队，成长型企业必须突破的瓶颈 …… 94
保持好的沟通氛围，团队才有战斗力 …… 96
破坏团队制度的员工，必须踢出去 …… 99

成功需要一帮人的帮扶 …… 101

没有合作者就没有阿里巴巴 …… 101
共享荣誉，不争功抢劳 …… 102

成功需要一帮人的帮扶 ……104
带头向前冲，比任何命令都有效 ……106
浮沉时代，做好员工的孵化器最关键 ……107
员工需要以“薪”换心 ……107
致鱼者先通水，致鸟者先树木 ……109
微笑示人 ……111
双重的激励方式最有效 ……113

第四章 不能靠脸吃饭，那就靠才华

90%的生意是“谈”出来的 ……116
别人听得舒服，你的想法才能被接受 ……116
按照自己的角度讲话，没人感兴趣 ……117
让人产生代入感，说服力加倍 ……119
自己不明白的领域不乱发言 ……121
一句恰到好处的话，可以改变命运 ……124
真正的霸气不是发狠斗勇 ……124
豪言壮语，在别人眼里往往是吹牛 ……126
自己相信，别人才会相信 ……127
说出口的保证是有用的 ……129
言之有礼，别人自然会尊重你 ……131
光做不说是木讷，光说不做是忽悠 ……131
事业地位可以有，但架子必须无 ……133
高调的姿态只能换来别人口头上的承认 ……135
真挚的语言才会掷地有声 ……137

慧心妙语，说到对方心坎里……139
将道理融入场景中……139
传达悲情，不如传达人情……141
把情绪安抚好后，再摆事实讲道理……143
当你炫耀聪明时，就开始变得愚蠢……145
掌握话语权，让人心随你动……147
人对于忙碌者总是高看一眼……147
多储备，才会看到别人看不到的地方……149
始终如一，该坚定时一定要坚定……151
风格是张好名片……153

第五章 洞见趋势，未来已来

失败不是脑子发热，就是脑子不热……156
互联网像啤酒，有沫的时候最好喝……156
没解决生存问题前，别做侠客……158
先做正确的事，再正确地做事……160
树立危机观，对经营不足之处加以改进……162
打动别人的往往是最真实的东西……165
没有品质做保障，冲得快，死得更快……165
优秀的品牌，全世界都记得住……166
最好的营销，就是进入消费者的手机……168
赢钱的都不打常规牌……169
出其不意的名字往往引得关注……169
名不见经传时，用用名人效应……171
造料，让媒体主动报道你……172

学会搭便车，戏里戏外有套路 ……174

停在原地不动，只能吃土 ……175

成功不在于你做成了多少 ……175

露脸，讲话，把企业推出去 ……177

“云+端”：马云的新布局 ……178

越过眼前的苟且，才有远方 ……180

没有社会责任的企业走不远 ……180

做今天的努力，赚未来的钱 ……183

保持远见，慢一步差 10 年 ……185

第一章 苦难辉煌

成功不能太着急，扛下去才有机会

做好口碑，活下来是第一步

2017年2月，阿里巴巴成立澳大利亚、新西兰总部，与百联集团签署战略合作协议，新零售在上海落地……阿里巴巴一跃成为中国市值排名第一的企业，马云的身价也早达千亿美元。

阿里巴巴的成功不是一蹴而就的，它是经历了一个个磨难、解决了无数困难、坚持了无数次的坚持后，才有了现在的欣欣向荣。

所有的伟大都是从平凡开始的，所有的成功都是从失败中不断总结来的，心急吃不了热豆腐，一口吃不成胖子。做企业也是如此，任何期望一下子就做强、做大的企业，往往都会以失败告终。

但是，现在很多创业者都耐不住寂寞，总想着做大事，做大企业，他们认为大企业在市场上有着得天独厚的优势。的确，一提到大企业，很多消费者的第一反应就是品牌好，质量好，有保障。在这种下意识的反应中，很多消费者不约而同地形成了一种消费惯性——大企业就是好的。这是由大企业的品牌效应所决定的，因为品牌浓缩了一切。

品牌之所以能在消费者的心目中占有着重要的地位，是因为品牌暗含着产品与顾客之间的关系，暗示着顾客所期望的一组特质与服务。品牌最大的好处在于能使消费者在成千上万种产品中购买自己的产品。而品牌的成功又取决于营销人员如何将它根植于消费者的头脑中。

然而，这种大企业的品牌效应却给中小企业的生存带来了很大的挑战。在实际的经营运作过程中，哪怕这些中小企业主们只想着与同规模的同行竞争，他们中的大多数也熬不过大浪淘沙的市场筛选。很多人将这种中小企业昙花一现式的发展归结于“地域劣势”。

中国的经济发展水平存在一定的地区差异，比如沿海的生意就比内陆好做。因此，内陆的中小企业在面对沿海的同行们时，不免会心生一种“底气不足”的状态。一位来自湖南的创业者在“云计划”中对于自己开办服装厂面临的困难进行了逐条列举：论交通条件，货轮难以驶入内河航道；论消费习惯，人们更爱江浙广东的品牌；论人才资本，有点能力的都去外地发展了……在这重重困难的考验下，经济发展水平相对落后的中小企业又如何能在中国市场中脱颖而出？

类似的案例比比皆是，这些发展的困难也得到了大多数人的认同。但马云却认为这是品牌建设操之过急的结果，马云说小公司的战略就是两个词：活下来、挣钱。成功不能太着急，就像我今天是种萝卜的，才刚种下去，你们就要让我把苗拔起来，看是否长出萝卜，看萝卜长得多大。只要种的是萝卜，总能长成大萝卜的。

为此，马云讲述了自己的亲身经历：就电子商务而言，杭州的人才绝对没有上海、北京多，中国的人才绝对没有美国多。如果人才数量是影响企业创业的最关键因素，那么阿里就应该去美国起步。事实上，马云就是在杭州把阿里给做起来了。“面对一系列的现实，我们会发现很多不利因素，但一定有更多有利的因素。中西部小企业主的问题不应该是‘中小企业如何挺身走出来’，而应该是‘如何做好自己的口碑’。不要去找理由找借口说人才都去了外地，要多想想，你有什么独特的价值能留下你的人。”

小企业不要急于做强品牌，在艰难的现实中生存下来才是中小企业应该做的第一步。看到外面广阔的市场，开阔眼界是好的，但更重要的是要把目光聚焦到自己身上，要让“眼睛盯上自己”。本地家门口的市场没有做成功，又怎能顺利地拿下外面的份额？为此，马云总结道：不要先想着做强自己的品牌，而应该先想着做好自己的服务，做好门前的客户，做好自己的口碑。

短暂的激情不值钱，持久的激情才赚钱

成功的过程绝不可能是一帆风顺的，如果没有无与伦比的精神，没有坚强执着的理想主义作为支撑，创业者很难在激烈的竞争中胜出。唯有保持持久的激情，才能守得云开见月明。

有人做过这么一个实验：将一只最凶猛的鲨鱼和一群热带鱼放到同一个池子里，然后用强化玻璃隔开。最开始的时候，鲨鱼每天不断地冲撞那块看不到的玻璃。它试了每一个角落，每一次都用尽全力，但每次都弄得伤痕累累，有好几次甚至浑身受伤出血。鲨鱼的努力持续了很久，可每当玻璃出现裂痕，实验人员马上加上一块更厚的玻璃。后来，筋疲力尽的鲨鱼不再冲撞那块玻璃了。再后来，实验人员将玻璃取走，但鲨鱼完全没有反应，每天仍然在固定的区域游着，它已经失去了最初的激情。

没有长久的激情，事业很难成功。激情是催人奋发的力量，它能点燃我们创业所需的生生不息的动力。在对成功的追求上，我们不仅需要激情，还必须把这种激情坚持下来，坚持到最后。

马云在《赢在中国》栏目中点评一位选手时说："我非常感慨，你这样的项目是更需要倡导的，点点滴滴做起一个小店，小企业要有远大的理想，我看到了这个远大的理想。但是我觉得你的激情也不错，我的建议是：短暂的激情是不值钱的，只有持久的激情才是赚钱的，而激情不能受伤害。尤其是你的员工在上班非常累的情况下，要再用3个小时学习，这虽然很好，但是一个人的体力会消耗掉的。学习无处不在，要从听、从看、从刻苦中学习，你要在这儿做调整。"

激情创造事业，事业激发激情，没有激情的创业就是没有效率的创业。当你浑身充满激情地为自己创业时，你会感到浑身充满力量，总有使不完的劲；你发现你自己是如此聪明，你有那么多的智慧；你废寝忘食，你发现你的效率是如此地高。这一切，都源于你的激情。阿里巴巴的创立就是从

十几个有激情、有理想的年轻人开始的，他们怀抱着一个创建一家伟大公司的梦想聚集到了一起。年轻的团队容易产生激情，但是更容易因为挫折而失去激情，尤其是一件从未有人做过的事，其难度将会更大，将会有很多从未想到过的、出乎意料的困难，如果没有持久的激情，在这些困难面前，退却是很容易的事。

马云一直认为，短暂的激情是不值钱的，只有持久的激情才是赚钱的。阿里巴巴企业文化中关于“激情”的阐述是：乐观向上，永不言弃；对公司、工作和同事充满了热爱；以积极的心态面对困难和挫折，不轻易放弃；不断自我激励，自我完善，寻求突破；不计得失，全身心投入；始终以乐观主义的精神影响同事和团队。

阿里巴巴内部经常会出现裸奔的场景，这是阿里巴巴员工们在用特别的方式庆祝业绩上的提升，展现自己的工作激情。一次，在淘宝交易额超过目标值时，某部门雇员在部门经理的带领下愉快裸奔，男生脱掉上衣，只剩下一条裤衩。一位销售冠军在一个寒冷的冬日跳下了西湖，因为他和马云以年终业绩打赌，却差之毫厘失败了。

每次阿里巴巴举行宴会等活动，总能看到管理层的人“群魔乱舞”，但同时员工的情绪也被最大限度地调动了起来。有一次，在阿里巴巴的庆功会上，马云一会儿扮成维吾尔族姑娘，一会儿又扮成江南小城的普通渔夫；而阿里巴巴的首席财务官蔡崇信，这个被认为不好说话、极其严肃的人，曾穿上女人的丝袜、在众目睽睽下跳起缠绵的钢管舞……

马云说：“激情来得快，去得更快。你可以失败，但你不能放弃。激情是可以传递的。这样一来，整个公司的氛围就变好了。”马云和阿里巴巴的员工靠着这种激情，形成了强有力的团队凝聚力，大家向着共同的目标大踏步向前。

没有坚持，梦想就会成为泡影；没有激情，工作就会陷入平庸。激情是创业路上困难时的强心剂，成功创业需要保持激情。然而，有些人刚创业的时候激情万丈，一旦遇到困难、遭遇打击就立即萎靡不振。这种短暂的激情是不值钱的，将激情延续下去才能点燃成功的火焰。

自信起来，耐得住，不着急

“沃尔玛带来了B2C。今天倒过来了，互联网带来了C2B，这个时代刚刚开始。我想告诉大家，我们今年做到1万亿，3至5年内超越沃尔玛不再是一个奇迹了。”事实上，我们也看到了这句话被印证。

阿里巴巴从成立以来一直备受质疑，马云从创业初期开始一路被骂了过来，别人都说这种模式不可能，但马云觉得没关系，他不怕骂，在中国反正别人也骂不过他，他只要不往心里去就是了。提起那段往事，马云感慨良多，基本上那段时期可以说是惨不忍睹，被人当作骗子似的。1997年年底，网站的营业额竟达到了700万元。追溯起来，阿里巴巴网站的雏形应该就是中国黄页网站。

当时，对于这样一个新生事物，马云的内心充满自信。那时，他每天出门推销网络黄页，说服人家心甘情愿地付钱把企业的资料放到网上去。当时，大家都不知道互联网是什么，没有人相信他。为了拿下杭州一家企业的生意，他一连跑了5趟，但这家企业的老板总怀疑电子商务是骗人的诡计。为了说服他，马云收集了大量有关电子商务的资料，一遍又一遍地为他讲解电子商务这种新型商业模式，告诉他在网上做广告比在其他媒体上做更有广泛的效应。

然而，不管马云说得多么激情澎湃，老总始终将信将疑：这玩意儿都没出现过，我怎么知道它能不能成功呢？面对这块难啃的骨头，马云没有放弃，临走时向老总要了一份企业的宣传材料。几天以后，他带着一台笔记本电脑重新回来，那位老板看到电脑上显示着自己企业的网页时，终于同意付款。

然而，这还仅仅只是一个起步。如果说中国黄页的出现让当时大多数的企业老总心有疑虑，阿里巴巴大搞电子商务，在更多人看来就是一场闹剧。直到现在,仍有很多企业家心存质疑:“电子商务能赚钱吗?”更何况是在20世纪末互联网刚刚在中国普及的时代,提篮子去商场消费的中国人怎么会认同在家上网购物这种天方夜谭般的模式呢?然而,阿里巴巴依旧坚定不移地走电子商务路线,马云相信电子商务也许3年,也许四五年都挣不到钱,但他坚信8年、10年后一定能够挣到钱。所以,他首先做的是说服自己,让自己首先坚定电商模式是前途光明的,这样才能说服更多的人认同自己的观点。

与很多有着光鲜背景的互联网神话制造者不一样,马云的出身很平凡,他没有多少钱,也不懂其中的技术。但马云耐得住,不着急,有自信,并且用实际行动将梦想变成现实。

回归理性,沉淀一下再开始

现在,我们处在一个创业者的美好时代,全民创业的时代已悄然而至。从市场层面来看,互联网缩小了人与人之间的距离,地球村市场到来、创业的机遇云集;从政策层面来看,各级政府提出了全民创业的口号。但即使有这么多的有利条件,我们在创业之前仍然需要谨慎思考、严谨行事,不将创业当儿戏,不浮躁、不轻易放弃。

在《赢在中国》第一赛季晋级篇的第三场,选手李红梅的参赛项目是医疗档案管理软件及相关数据业务服务,马云觉得她的项目很难,诚恳地建议她最好不要创业。以下为当时的部分对话内容。

马云:你产品的市场是针对国外,还是针对北美?

李红梅:现阶段是北美市场,美国市场是成熟的市场,其他市场不太成熟。

马云:你有两个核心竞争力:第一个是整合资源,国外没有资源,国内也要摸索,如何整合?第二个核心竞争力是外包,外包是核心竞争力?那么美国公司就做不到外包?

李红梅：第一核心竞争力就是把数据转化和数据输入这一部分的业务跟软件销售业务整合起来，这是我的一个核心竞争力。

马云：你觉得这个竞争力很高？

李红梅：因为美国的公司很少这样去整合。

马云：你现在有多少员工了？

李红梅：在北美我只有一些高端的设计人员，大概有4个。

马云：我觉得你的项目很难，相当难。我诚恳地建议，你最好别创业。我见过创业很艰辛的人，但他说我就愿意创业。我感觉是这样，从性格各方面来讲，你不是很适合创业，我经常对朋友讲，有时候做一份工作，做一份喜欢的工作就是很好的创业。你这个人很热情、很善良，这些性格可以让你成为一个非常好的员工，非常好的义工，并为此完善自我。这可能很好。但是对于创业，我很坦诚地说，你真的不合适。

创业，让很多年轻人觉得光鲜，有理想是好事，但也必须兼顾现实。创业最忌讳的就是先设定一个理想化的目标，然后在执行过程中不顾现实情况，一味地朝这个目标前进却不知变通，甚至连生存都保证不了。当创业遇上现实，任何激情都应该回归理性。

现实生活中，我们所处的环境和氛围都在逼着我们去成功——“都30岁了，男的还没车没房、女的还没钓到一个金龟婿，是很失败的事情！”不成功就是失败，似乎已经成了别无选择的独木桥。然而，成功不是战场上冲锋陷阵，不是仅有热血沸腾扛着砍刀奋勇杀敌就能取得胜利的。每一种选择都有利有弊，无论是创业还是打工，关键在于你适不适合，快不快乐。有些人选择创业的原因是想摆脱办公室的束缚，不再受制于人。然而，创业者看似自由，实则最不自由。创业者虽然不再为老板打工，但时时在为市场、客户、员工打工，他要替客户着想、对员工负责、受市场制约，甚至看投资人脸色，告别了朝九晚五的枯燥生活，却陷入时刻殚精竭虑的状态。

创业有风险，进入需谨慎。马云劝诫年轻人：5年以后还想创业，你再创业。所以，如果你有创业的想法，那么按照马云说的，先沉淀一下，看看自己是一时兴起，还是有强烈的创业愿望，然后再做最后的决定。

没有人想知道你经历了什么

三子登科，成功需要有点疯癫劲儿

“有人说，我的公司是一个疯子公司，我承认。他们说中国99%的公司都不是像你这样的。我觉得我们愿意做1%，因为成功的人都是1%。哈佛曾有人认为在那个时代中国不可能有公司考核价值观和使命观，后来他受我之邀来到中国，到我们的公司来感受。后来他说，我来之前觉得马云是个疯子，来之后发现你果然是个疯子。疯子院里的人是不相信自己是疯子的，他们相信外面的人是疯子。我希望在我们公司里面能够形成一种企业的‘belief’(信念)。有一批优秀的同事相信通过自己的努力，能够不断地创造价值。加入我公司的人我不能保证100%，但是我希望有70%的人坚信我们可以让中小企业生存、成长和发展。我们坚信年轻人到我们的公司走的是正道。”

马云如同一位教父，随着阿里巴巴今天的声名远播，愈来愈多的人知道了马云的梦想：做一个中国人办的全世界最好的公司，做成一个世界十大网站之一，做一家102年的企业！

今天的人们听到这些豪言壮语，已经不觉新奇。因为阿里巴巴已经成为中国最大的网站之一，已经成为世界十大网站之一。但是10年前，当马云在长城上喊出这个口号时，当马云向十几个创始人一遍又一遍地宣讲这个梦想时，又有多少人相信？又有多少人不把它当成狂语疯话？马云的确是兜售未来的高手，但他不是兜售空头支票的骗子。

2003年马云在接受《财富人生》节目访谈时说：“被看作骗子的时候也是有的——我们刚好可能是中国最早做互联网的，1995年中国还没有联通互联网时，我们已经开始成立一家公司做了。人家觉得你在讲述一个不存在的东西，而且我自己学的不是计算机，我对电脑几乎是不懂的，所以一个不懂电脑的人告诉别人，有着这么一个神秘的网络，大家听晕了，我也说疯了，最后有些人认为我是个骗子。我记得第一次上中央电视台是1995年，有个编导跟一个记者说，这个人看上去就不像是一个好人！”

“那时候我在拼命地推广互联网，在最疯狂的时候大家开始‘烧钱’。别人一定会认为：做电子商务的人只会烧钱，不会干事，所以那时候被当作疯子。”

“现在是傻子——这两年你看我们非常执着，我们在做这个公司的时候，是不在乎别人怎么看的。我永远只在乎我的客户怎么看，只在乎我的员工怎么看，其他人讲的我都不听。所以人家说你这个人特傻，人家都转型了，你为什么不转型！”

不久后，外界对马云的形容有了一个新词汇——“三子登科”，这源于马云的自我调侃：8年前开始做这个商务网站的时候，别人说你是骗子；5年前拼命烧钱的时候，是疯子；现在如果还在做这个电子商务网，那是傻子。

这似乎正好是马云创业历程的三部曲——骗子、疯子、傻子。看起来在不同的历史阶段有不同的角色，但是，贯穿下来，有一点是没变的，那就是马云的目标：让商人通过阿里巴巴做生意。正如王石回答“为什么要登山”一样，他说：“因为山在那儿。”

英特尔创始人、董事会主席安迪·格鲁夫在其著作《只有偏执狂才能生存》一书中说：“这是偏执狂才能成功的时代，只有偏执狂才能生存！”他表示，只要涉及企业管理，他就坚信偏执万岁。企业的繁荣之中孕育着毁灭的种子，你的企业越成功，注视着的人就越多，他们把你的生意一刀一刀地割下，直至最后一无所剩。作为一名管理者，最重要的是以偏执狂的姿态去思考任何事情，从而击败对手。

不可否认，要想取得成功，是需要一点“疯狂”的。这种疯狂代表的是一种大胆的想象、坚定的忘我和专注的执着。把自己的主要精力和时间放在热爱的事业上，最终利用聚焦原则把能量发挥到最大，取得的效果也会最佳。马云的疯狂无疑就是这一种，这也是年轻的创业者应该从马云身上学习的一点。

困难时，用左手温暖右手

成功不是黑暗就是苦难，阿里巴巴的成功是伴随着苦难而生的，但在苦难面前，马云是坚强的。“创业的时候，我的同事可能流过泪，我的朋友可能流过泪，但我没有，因为流泪没有用。困难的时候，你要学会用左手温暖你的右手。你在开心的时候，把开心带给别人；在你不开心的时候，别人才会把开心带给你。开心快乐是一种投资，你开心就要和别人分享，然后有一天别人会回报于你。如果你在创业第一天就说，我是来享受痛苦的，那么你就会变得很开心。我在1992年做销售的时候，我说创业中乐观主义很重要，销售10次，10次为零。出去以后，果然是零，说得真对，要奖励一下自己。商业不外乎智慧、希望及勇气，这些都是经商的必要技巧。遇到问题时，我习惯用左手温暖右手。要不断告诉自己：没关系，我还是我，我还在学习成长，一切都会好的，至少我还活着。”

创业从来都与坎坷相伴，哪个创业成功人士背后，没有一段浸满辛酸、充满泪水的往事？经历风雨才会见彩虹，创业者应该期待未来的路上有更多的磨难，这样可以促使创业者迅速成长，更快地获得成功。

马云说在企业家所经历的一切之中，大家看到的辉煌一面只占20%，艰难的一面达到80%，多年来他一路挫折，根本没有辉煌的过去可谈。每一天、每一个步骤、每一个决定都是艰难的。在别人看来，阿里巴巴在这一年发展这么快，而实际情况是为了这一年他们积累了5年的经验，而且付出的比人家10年的还要多。

很多人在创业的时候，害怕困难，希望一帆风顺，一旦遇到困难就变得畏首畏尾，萎靡不振。害怕困难是人的本性，每个人在遇到困难时都会有负面的情绪，但是，创业过程中的困难是非常多的，要如何调整自己的情绪以渡过难关，是一个心态问题。

没有人想知道你经历了什么，你只能用左手温暖右手，这是创业者必须具备的一种心态，要学会自己保护自己，尽自己最大的力量去面对创业的种种艰辛。马云就是抱着困难时用左手温暖右手的乐观心态克服了一个又一个的困难。马云很乐观地说：面对各种无法控制的变化，真正的创业者必须懂得用乐观和主动的心态去拥抱现实。

即便是现在，马云也很少向员工和身边的高管诉说自己的压力。闪光灯下的马云、员工面前的马云总是像一个顽童一样，他的言行举止表现出一种常人难有的洒脱。马云是一个乐观主义者，像诗人一样幻想着未来商业界的新文明，幻想着阿里巴巴会带给全球一个美丽新世界。马云，就这样在创业的路上一边舔舐伤口一边微笑前行。

马云看重团队，但是在自己能够解决的时候他会更多地选择担当，何况，有时候团队未必能够全然理解他的想法。

阿里巴巴公司的发展深受马云的影响，在面临困难时阿里巴巴首先想到的是自己解决，而不是依赖外界。马云表示，很多企业埋怨政府不支持，但阿里巴巴自从创业以来没有向政府借过一分钱，更没给社会添过一次乱。更多的时候，阿里巴巴团队会在寒冷的季节里温暖别人，帮助众多中小企业赚钱。

用自己的左手温暖右手，是一种坚强，一种信仰，一种在困境中奋发的良好心态，一种对创业成功或者失败宠辱不惊的坦然。古人常说“人贵有恒”，马云有恒心，更有乐观的心态，所以他能够成功。

在犯错纠错中壮大

创业艰难百战多。大胆尝试，不怕犯错，创业之路就在你脚下。

如同刚开始创业时一般，作为一种新兴产业，互联网产业没有经验可以借鉴和拷贝。纵观整个互联网成长史,任何一家网络企业都不可避免地会犯错。

马云对此毫不避讳,他说:“阿里巴巴最大的财富不是我们取得了什么成绩,而是我们经历了这么多失败,犯了这么多错误,我说阿里巴巴一定要写一本书,这里是阿里巴巴曾经的错误。这些错误,你听了会笑着说,那时候也犯过。但是有一天如果有重要项目就不要派常胜将军上去,要派失败过的人上去。失败过的人,会把握每一次机会。你不要看今天很风光,我前面犯了很多错误,今后也会犯很多错误的。”

淘宝网推出名为“招财进宝”的新型收费增值服务,通过这次项目,卖家可以花钱买一个“推荐位”,让自己的商品出现在淘宝网浏览量最大的位置上,以利于商品销售。在淘宝网高调宣布继续免费3年之后,这项有偿增值服务被众多网民认为是“变相收费”,并有一些卖家联合酝酿集体罢市以表抗议。有很多网民甚至威胁说如果淘宝网不取消“招财进宝”这项服务,今后将使用其他个人电子网站。

发起“招财进宝”这项服务,马云的初衷是好的。马云说:“淘宝目前有2800万件商品,日交易量达4700万元,如果没有搜索,买家很难去寻找商品。”而搜索必然会牵涉排名,“价格是相对客观的排名标准”。如果排名不收费,那么为了争第一位,卖家会疯狂地做假货取得交易量,搜索将会乱套。

无论马云和淘宝网发起这项服务的初衷是好是坏,从最终的效果看,这都是一次错误的决策。针对愈演愈烈的“罢市”危机,马云以“风清扬”的ID发表了《谈谈拥抱变化》的帖子,对“招财进宝”的初衷进行了诚恳的剖白,并希望网民能够谅解和支持。“罢市”危机因为这篇文章的发表得到了一定的缓解。后来,马云决定在淘宝网上公开投票来决定“招财进宝”的去留,短短半天时间,就有9万余人参与投票。从当天的结果看,选择“对招财进宝进行不断的完善,保留招财进宝”的人占38%,选择“目前不完全适合淘宝,取消招财进宝”的人占62%。最终,淘宝网决定取消“招财进宝”,并将其间所收取的费用全部退还。

事后看来，“招财进宝”虽然是马云和淘宝网的一次“错误”决策，给淘宝网乃至阿里巴巴和马云本人的名誉都带来了一定的伤害，也造成了一定的资金损失，但马云面对错误的态度是诚恳的，处理方法是有效并且及时的，这在很大程度上降低了这次错误的破坏力，没有让这件事造成更大的负面影响。

面对一个崭新的行业，错误不可避免。为何有的企业因错而兴，有的企业因错而亡？这其中的区别在于：错误大小，以及如何对待错误。

直面错误、迅速纠错、不犯同样的错误。马云正是在不断地犯错、纠错中变得越来越聪明，并最终成长为一个重量级互联网企业的CEO。

“年轻人要不怕犯错误，要勇敢地犯错。其实每做错一件事，就是一条重要经验的总结过程。不断地犯错，不断地积累经验，这才是年轻人获得经验的法宝。”作为创业的成功者，王磊说：“创业最重要的是要找准目标选对路子，然后就大踏步地往前走，不要怕跌倒，不要怕犯错误，勇敢地犯错，不能畏首畏尾的。年轻人没有多少资本也没有什么经验，那他有的是什么？就是年轻，不怕犯错误，这就是资本，年轻人的资本。我曾经在3个月内倒闭了好几家公司。”

在创业过程中，困难不可怕，犯错也不可怕，关键是要学会对待错误，才能不断地在犯错纠错中逐步成长壮大。

奇迹由自己创造

人们更愿意相信一个有原则的人

一个人要成功就要获得别人的信任：获得朋友的信任，你会建立良好的人际关系；获得员工的信任，你会有个好的团队；获得顾客的信任，你会赢得口碑,提高业绩……那么,如何获取别人的信任?

坚持原则!“阿里巴巴从成立以来一直备受质疑,从8年前我做阿里巴巴的时候一路被骂过来,都说这个东西不可能。不过没关系,我不怕骂,在中国反正别人也骂不过我。我也不在乎别人怎么骂,因为我永远坚信这句话,你说的都是对的,别人都认同你了,那还轮得到你吗?你一定要坚信自己在做什么。”

马云是一个坚持原则的人,他也因此而让有些人不喜欢,但他并没有改变,还是按照自己的方式来。这不是固执,而是坚持原则。

一个人,如果连原则都能够放弃,那么还有什么是他在乎的东西呢?一个什么都不在乎的人,必然是大家都不敢信任的人。

生活中,要给别人带来快乐,同时也要让自己保持快乐。不要牺牲自己而去特意取悦别人,该坚持原则的时候就要拼命坚持原则。

在一次商务会谈上,马云曾经说:“我认为应当锁定自己的客户,我们的客户是中小企业、创业者,这是我的定位。我锁定的是中小企业,如果大企业来,我原则上不做这个生意,没有办法做。中小企业刚用阿里巴巴网站的时候,可能资产是三五百万,后来变成了几千万或者上亿元。你变成了上亿元后就要去找别人了,但我只做中小企业和电子商务。我们的水平就是这样的,因为我们在想清楚客户是谁的情况下,就要锁定市场,去做该做的事情,在利益和诱惑的面前要学会说No。”

这就是马云的原则。他阐释了自己对客户的理解和定位,分析十分到位,而且用坚定的语气诉说了自己的原则。这不是在得罪人,而是在为自己、为员工以及为现在的用户们负责。在这些面前,那些大企业能够给他带来的利益是不值得一提的。人就是要分清哪些是真正重要的,是我们不能割舍的。在这些面前,不能有半点的犹豫,就是要坚持原则。如果不能在这些面前坚持原则,那么迟早会因为这也想要、那也想要而最终什么也得不到。

处世圆滑,是很多人眼中的成熟,不过这份成熟是不健康的。真正的成熟是圆融而不圆滑。所谓圆融便是在原则允许的范围内,将事情做到最好，而圆滑则是只要能将事情办成，便不惜原则。前者是一个智者在展现自己的魅力，后者则是一个钻营者在追寻利益。两者的境界高下，一目了然。

一定要有这样的认识，原则是重要的，是不可抛弃的。如果我们抛弃了原则，那么别人就会抛弃我们。到时候，只能是孤家寡人一个，再也没有了朋友和伙伴。

而且，当面对违背我们原则的人和事情的时候，一定要大声说出自己的原则来，不要遮遮掩掩，也不要不好意思。要明白，我们因为不好意思而违背了原则，那么我们身边的人，便会违背我们。那是得不偿失的。

原则重要，坚持原则却并没那么简单。尤其是在经受诱惑的时候，很多人是非常容易放弃自己的原则的。这时候，就需要培养一点定力了。

早一点对自己说 Yes，就不会那么糟

马云并不想做商人，他只想创办一家企业，做一个企业家。在他看来，生意人、商人和企业家是有区别的。生意人以钱为本，一切为了赚钱；商人有所为，有所不为；企业家影响社会，创造财富，为社会创造价值。赚钱是一个企业家的基本技能，而不是所有技能。

一个伟大的公司当然也需要赚钱，但是光会赚钱的公司不是伟大的企业。阿里巴巴最重要的原则之一，就是永远不把赚钱作为第一目标。马云觉得伟大的公司首先能为社会创造真正的财富和价值，可以持续不断地改变这个社会。

很多企业家在刚开始创业的时候，就把为众人服务作为奋斗的目标。比如比尔·盖茨，他在创业之初就已经把“让千万人都用得上电脑软件”作为目标；譬如山姆·沃尔顿，他主张天天低价，立志建立一种既便利又廉价的商业模式；再如马云本人，他刚开始创业时的使命就是“让天下没有难做的生意”。当然，仅有使命是不行的，必须产生财富，这样自身创造的价值才可以得到人们的认可。

有了这样的认识，马云提出了一个“Yes 理论”。他认为，如果要说创造价值和赚钱哪个重要，他会说 Yes，两者都重要。但一定要问哪个更重要，则创造价值更为重要。如果创造了价值没有钱，这个价值根本不是价值；如果创造了价值，结果没人愿意付钱，这是垃圾，这不是在给社会创造价值，而是在创造垃圾。

别人问马云喜欢能干的员工还是听话的员工，他也说Yes，就是既要听话又要能干。因为马云相信，能干和听话是不矛盾的。能干的人一定不听话，听话的人一定不能干，这种人要来根本没用，因为不听话本身就不能干。

多年以来，马云给人一种“特别坚持自己是对的”的感觉。不仅来自他坚持对自己说 Yes，而且他认为，一个人被说服是非常可怕的事情，因为他也曾经犯过错。

在 2000 年的时候，高盛和软银的投资到位后，马云决心大干一场，阿里巴巴把摊子铺到了美国硅谷、韩国，并在伦敦、中国香港快速拓展业务。但是此时，管理的危机出现，他手下的那些世界级的精英都开始向马云灌输他们各自的理论和方法。阿里巴巴美国硅谷研发中心的同事说技术是最重要的；一家全球 500 强企业的副总裁坐镇香港总部，他们认为向资本市场发展是最重要的。

都是精英的言论，都说得有道理，马云开始拿不定主意了。他说，50 个聪明人坐在一起，是世界上最痛苦的事情。此时，才成立 1 年的阿里巴巴已经变成了跨国公司，员工来自 13 个国家。

对于未来的发展，马云确实无法拿定主意。公司在风雨飘摇之时，最后还是马云对自己说了 Yes。2000 年年底，阿里巴巴破釜沉舟，启动“回到中国”战略，随后进行全球大裁员。

在一个重大决定面前力排众议是需要勇气的，做任何事都能一直力排众议则是难能可贵的。自信，是一个简单的词，但要真正做到并不容易。这个世界不缺思想家，思想家太多，就难以统一思想。马云的做法是，对自己说 Yes，即使有 90%的人不同意。

马云说，如果再早一点对自己说Yes，后果就不会那么糟糕。马云对周围的人也说出了这样的话：如果认为我们是疯子请你离开，如果专等上市请你离开，如果带着不利于公司的个人目的请你离开，如果心浮气躁请你离开。

回想1995年，马云从美国回来后，在美国朋友的协助下他开始为自己的海博翻译社建立首页。当时中国的网络是用速度很慢的拨号上网连接方式，足足花3个半小时才能打开一半的网页。但是即便如此，马云仍然相当自豪，他证明了互联网的存在。

随后，他决定进入互联网行业。在决定辞职前，马云找了20多个朋友咨询，大多数人说不行，只有1个人说可以试试。马云不顾大家的劝告，坚持行动。对于他的这个举动，朋友们都说他是个傻子。

马云后来回忆说，刚开始做互联网的时候，能不能成功他自己也没信心。只是觉得做一件事，无论失败与成功，总要试一试。

马云说，一个人如果在14岁时不是理想主义者，他一定庸俗得可怕；如果在40岁时仍是理想主义者，他又未免幼稚得可笑。但是在创业的过程中，他一直强调的是，永远对自己说Yes。因为他知道，很多时候，创业者被别人说服往往是犯错的开始。

专注于单一目标，反倒有所成就

马云认为，只有专心做一件事情，重点突破才能有所成就。他说："如果有10只兔子摆在你面前，你要只抓1只，而不能妄想10只全都抓住。"

歌德曾这样劝告他的学生："一个人不能骑两匹马，骑上这匹，就要丢掉那匹，聪明人会把凡是分散精力的要求置之度外，只专心致志地去学一门，学一门就要把它学好。"一心一意地专注于自己的工作，是每个职场人士获取成功不可或缺的品质。当你能够一心一意地去做一件事时，成功就会向你招手。

著名的效率提升大师博恩·崔西有一个著名的论断："一次做好一件

事的人比同时涉猎多个领域的人要好得多。如果你能够将自己的努力始终集中在你的目标和最重要的事情上面，坚持在一定时期内做好一件事，就没有什么东西能够阻止你了。”

做事专注，首先要做到不脱离主要目标。著名的成功学大师卡耐基建议：在行动时要分清目标的轻重缓急，如果随意地胡乱瞎抓，结果只能是事倍功半，甚至是劳而无功。在执行过程中要善于把握事情关键，不能不分主次，甚至把力气都使到次要方面，导致偏离总目标。这样的话付出再多努力也无济于事。目标的调整应当谨慎、可行。一般情况下，在目标的修正上只能做些微调，而不能彻底改变。偏离目标，损失无疑会十分惨重。

其次，做事专注要学会集中精神。高级神经活动研究专家芬克博士说：“注意力这种心理现象，是由大脑皮质活动的重要规律之一——‘神经过程的诱导律’所支配的。”人在做某一件事时，大脑皮质的某一区域就会产生一种兴奋过程，其他相邻的区域则相应发生一种抑制过程。这样，一个兴奋，一个抑制，就构成了注意力的高度集中。如果一名职场人士在工作的过程中魂不守舍，就很容易受到外界因素的干扰，将工作搞得一团糟。

做事专注还要做到今日之事今日毕。强调“一次只能做一件事”，这并不是说我们只能去做一件事情。有一个有趣的练习，就是将时间分成一块块的，在一块时间中你要保证一次只做一件事情。不管你是在阅读文件，与客户谈判，还是与家人出游，试着把自己的精力集中在一件事上。要集中精力投入到你正在做的事情中。你会发现有两件事开始发生：首先，你确实在享受你正做着的，甚至是一些平常的事，像洗碗或清洗盥洗室之类的。当你精力集中，而不是注意力分散时，你会完全被你所做的事情吸引，并对其产生浓厚的兴趣，而不管它是什么。其次，你将惊异于你如此迅速和高效地把事情完成。因为你把注意力放在此时此刻，所以，在生活的各个领域你的技能都有所增进——写作、读书、打扫房屋，以及打电话。

一个人做事的效率跟他工作时的专注与否有很大的关系。因此，亚伯拉罕·林肯说：“最弱的人，集中其精力于单一目标，也能有所成就；反之，最强的人，分心于太多事务，可能一无所成。”专心致志、心无旁骛是学有所成的必要条件。每个人的精力都是有限的，只有当他全神贯注于某件事时，他才会在这方面取得成绩。

以“初生”的势头向前进

一个人应该用一种创业精神对待自己的工作，永远不满足于现状，开拓进取。马云不认同“二次创业”这样的口号：他说人一辈子都在创业，既然从第一天创业起就一直在创业，那根本就不存在“二次创业”的说法，人要永葆“零度”状态，不断进取。马云表示：阿里巴巴要做102年，有一天如果自己上了什么封面，就当作上了一本娱乐杂志一样。不要认为那是成功，成功是很短暂的，在这背后付出的代价是很大的。马云说当自己60岁时，还能和现在这帮做阿里巴巴的伙伴们站在桥上，听广播里说阿里巴巴今年再度分红，股票继续往前冲，那时才叫真正的成功。

成功是一种坚持的成功，是保持创业精神，一辈子努力。我们要时刻提醒自己保持一种“零度”状态，让自己以一种“初生”的势头继续向前迈进。

苹果公司创始人之一的史蒂夫·乔布斯就是坚守创业精神的典范。乔布斯在20岁时就开始创业，在10年间将苹果公司从一家只有两个创业者的车库公司扩展成一家员工超过4000人、市值20亿美元的国际大公司。

但是，令人意想不到的是，乔布斯在30岁时却被自己所创办的公司炒了鱿鱼。就这样，曾经是他生活重心的东西在一夜之间不见了。随后几个月，他成为公众的负面示范。

虽然乔布斯被董事会淘汰出局，但是他一直热爱的事业并没有否定他，他决定一切从头开始。

在接下来的5年里，乔布斯开了两家公司，分别是Next公司和Pixai公司。Pixai取得了非常不错的成绩，制作出了《玩具总动员》这部世界上第一次完全由电脑制作的动画电影。之后，这家公司阴差阳错地被苹果公司买下了，乔布斯又回到了当初的根据地，而Pixai公司的技术居然成为苹果公司后来复兴的核心。这一过程很艰难，但乔布斯一直保持着最初的创业精神，让苹果公司重新接纳自己。

失败可以改变一个人的命运，从头再来是下一个成功的开始。成功并非是最终结果，在工作中，每个人都需要时常告诫自己：工作就要永葆“零度”状态，把自己当作一辈子都在创业的创业者。

成功之路没有终点，努力与拼搏一直伴随人的一生，从我们工作的第一天起，我们就要经常面对困难和失败。也许一时间你还是顺风顺水，但大的困难有一天一定会到来。只有永葆“零度”状态，才不会自满，不会故步自封，成就也才会更大。

没有优秀的理念，只有脚踏实地的结果

成功不是计划出来的

工业时代的发展是人工的，而网络时代一切都是信息化的。信息瞬息万变，是难以预测的。马云认为成功不是计划出来的，而是“立刻、现在、马上”干出来的。

马云有一次在某景点看到游客的涂鸦式留言而深受启发，他认为阿里巴巴应将网上论坛BBS按行业分类发展，要求技术人员将BBS上的每一个帖子进行检测并分类。技术人员认为这样的人工分类有违互联网自由的传统习惯，但马云认为只有这样才能让用户方便、快捷地利用阿里巴巴，所以他坚持己见，要求技术人员照做。当时有很多人不同意，拍着桌子同马云吵。争吵最激烈时，马云仍不改初衷，他始终认为方便用户才是对的，自己的思考也是对的。

后来，马云到外地出差，通过电子邮件要求技术人员立即完成这一程序，结果他们还是不同意。后来，马云回忆说，当时自己真想立刻飞回去，猛拍那些技术人员的脑袋。

马云的愤怒让技术人员不得不做出让步，也正是因为他的强硬要求，阿里巴巴的发展方向最终才确定下来，获得了有效的执行。他的这种作风，也使得企业在网络泡沫时期不仅坚持了下来，而且实现了赢利。

马云曾和软银集团总裁孙正义讨论过这样一个问题："一流的点子加上三流的执行水平，与三流的点子加上一流的执行水平，哪一个更重要？"两位时代先锋给出了一样的答案：三流的点子加上一流的执行水平。

高效率的执行力，一直是阿里巴巴成功的一大法宝。马云将阿里巴巴称为是"一支执行队伍而非想法队伍"。他多次强调，有时迅速地去执行一个错误的决定要好过优柔寡断或者没有决定。因为他知道，在执行的过程中，已经有足够的时间和机会去发现并改正错误。

马云在创业之初就懂得这样的道理：企业只需要一个思想家，其他的都要是"立刻、现在、马上"的执行者。

当年，马云带着和他一起到北京闯荡的8个伙伴重回杭州，自己的人员还没安置好，就已经有新人加入。当时有个香港小伙Tonny，是个程序工程师，刚从加拿大回来。Tonny本来是回家看亲戚的，因为他父亲和马云是朋友，Tonny便想见见马云。没想到见面后，Tonny就想加入阿里巴巴。结果马云说，跟着我干，1个月只有500元人民币的工资。Tonny听完后，表示这点钱每月还不够他给女朋友打电话用。马云也不啰唆，道不同不相为谋，不强求，企业初创就这个条件。Tonny在和阿里巴巴的几位技术人员交谈后，当即决定跟着马云干。后来，Tonny成为阿里巴巴的一位老总。他后来回忆说，正是马云雷厉风行的性格最终促使他决定留下来。

招人讲究速度，阿里巴巴的成长也是如此。初期50万元的原始资本就是马云与18个创业同伴在家中募集的。当时，马云的家成了阿里巴巴的办公室，员工住的地方不能离马云家超过5分钟，每天深夜回家睡几个小时后马上又得开始工作,“立刻、现在、马上”的思想得到了充分的体现。

经过数月的筹备,阿里巴巴横空出世,业绩不错。尽管取得了不错的成绩,但在阿里巴巴内部,大家关于网站的未来还是充满疑虑。因为那时候资本市场看好的是新浪、搜狐这样的门户网站,阿里巴巴的模式虽然是独一无二的,但却没有多少人认同其价值。马云清楚地认识到,阿里巴巴要想赶超这些大门户网站,赢得商机,就要强化“内功”。“内功”的修炼,就需要员工有超强的执行力。

在互联网行业,阿里巴巴团队的资历并非最老,但团队执行力肯定最强。2006年,阿里巴巴服务机房整体往杭州市区迁移。在搬家的过程中,难免会有一些东西遗失或者损坏,因此多数人都很头痛搬家。然而在这次搬迁过程中,由于工作人员的高效合作,居然没发生任何故障。在业内看来,这依靠的不仅仅是高超的技术水平,更体现了团队的认真、执着与责任心。在执行力这一点上,阿里巴巴已经远远地甩开了对手。

马云在国外努力推销阿里巴巴以寻求资本市场青睐的同时,也向自己的伙伴们推销阿里巴巴。马云允许内部争执,但争执必须是面对面的,必须马上解决。如果向第三方说,就表明是在动摇军心,那这个人就必须离开团队。

阿里巴巴唯一的思想家,就是马云自己。他不仅像个布道的牧师,更像一个极具魄力的教练,能将自己的思想化为员工超强的执行力,以此来书写阿里巴巴的传奇。

最大的失败就是放弃

在第四届网商大会上,马云慷慨陈词道:“一个领导者最重要的实力是什么?在座的每个人,你的企业多大多小,不管你管5个人还是5000个人,你要比任何人都有抗击打能力,就是经历失败的能力。”

的确,要成功,精神的力量是无与伦比的,它发挥的巨大作用更是让人难以想象。创业者没有退路，最大的失败就是放弃。今天很残酷，明天更残酷，后天很美好，但绝大部分人死在明天晚上。每个人都不能放弃。

马云坦言：很多人比我们聪明，很多人比我们努力，为什么我们成功了？难道是我们拥有了财富，而别人没有？当然不是。一个重要的原因是我们坚持下来了。创业、做企业，其实很简单。一个强烈的欲望就是说我想做什么事情？我想改变什么事情？你想清楚之后，就要永远坚持这一点。

马云的座右铭是“永不放弃”，在他看来这世界上最大的失败就是放弃。放弃其实是最容易的，活着就是胜利。这个世界上最痛苦的是坚持，而最快乐的也是坚持。

马云说：“我一直认为，人一辈子都在创业。以前深圳有一个口号叫作二次创业，我不太同意这个。同一批领导是没有办法二次创业的，因为从第一天创业起你就一直在创业。互联网进入冬天的时候，我们第一没有品牌，第二可以用的资金非常少，整个市场形势不是非常好，大家听到互联网转身就跑。当时很多人进来，也有很多人出去。我记得有一位年轻人，在他刚进入公司时，我跟他说希望最艰难的时候他能坚持下来不放弃。这个年轻人说，他记住了，5 年之内他绝对不会走。这 5 年来，他们一起来的人都走掉了，当他快坚持不住的时候我就跟他说，我记得他当时讲的话。现在他坚持了下来，他已经非常成功了。在长城上我们说要建立一个中国人创办的、全世界最好的公司，在最困难的时候，我们永远要记住这个东西。我不知道该怎样定义成功，但我知道怎样定义失败，那就是放弃。如果你放弃了，你失败了；如果你有梦想，你不放弃，你永远有希望和机会。”

创业的先决条件，不是有多好的项目，多雄厚的资金，重要的是有没有执着、坚韧、坦然等创业精神。只有拥有了这样的创业精神，才能够突破困难，打开成功的大门。

最开始创业的那段时间，和对手相比，马云的力量还显得非常弱小，甚至一起创业的伙伴都时常会打退堂鼓，需要他不断地进行说服和沟通，帮助他们打消心理顾虑，继续跟他走下去。在这种情况下，马云本人超乎寻常的创业精神就发挥了作用。若回首总结阿里巴巴的整个发展历程，马云无疑为我们提供了许多成功的经验，其中很重要的一条就是：不放弃，活下来就是强者。

马云说：面对困难，第一要相信你能活，第二要相信你有坚强的存活毅力。人只有坚强地活下去，才是生活的强者。当目标正确的时候，放弃就等于失败，只有坚持才能成功。

给梦想实践的机会，否则你永远没机会

在谈到梦想与坚持时，马云如是说："作为一个创业者，首先要给自己一个梦想。1995 年，我偶然有一次机会到了美国，然后发现了互联网。发现互联网以后，我不是一个技术人才，我对技术几乎是不懂，到目前为止，我对电脑的认识还是部分停留在收发邮件和浏览页面上。我今天早上还在说，到现在为止我还搞不清楚该怎么样在电脑上用 U 盘。但这并不重要，重要的是你到底梦想干什么？"

"1995 年，我发现互联网有一天将会改变人类，可以影响人类的方方面面。但是，谁可以改变它，它到底会怎么样影响人类？这些问题我在 1995 年时没有想清楚，但是隐隐约约地感觉到这是将来我想干的。回来以后也非常地艰难，我请了 24 个朋友到我家里，大家坐在一起，我说我准备从大学里辞职，要做一个互联网，叫 Internet，那个时候互联网不叫互联网，那个时候把它翻译成'因特耐特'。因为自己不懂技术，所以我花了将近两个小时来说服 24 个人，这是一个很有意思的事情。"

"两个小时以内，我肯定没讲清楚什么是互联网，他们肯定也听得糊里糊涂。两个小时以后，大家投票表决，23 个人反对，1 个人支持，大家觉得这个东西肯定不靠谱，别去做那个，你电脑也不懂，而且根本不存在这么一个网络。但是我经过一个晚上想了，第二天早上我决定还是辞职去实现我自己的梦想。为什么是这样呢？我发现今天我回过来想，看见很多游学的年

轻人是晚上想千条路，早上起来走原路，晚上出门之前说明天我将干这个事，第二天早上仍旧走自己原来的路线。如果你不去采取行动，不给自己的梦想一个实践的机会，你永远没有机会。所以我稀里糊涂地走上了创业之路。”

马云是一个有梦想的人，可以说他走到今天，都是靠梦想的指引。虽然创业之路非常艰辛，但马云认为只要有梦想，只要不断努力，只要不断学习，就有机会到达成功的彼岸。正如他所说：“人永远不要忘记自己第一天的梦想。你的梦想是世界上最伟大的事情，就是帮助别人成功，不能走到后面以后又改回来。”

1995年，马云从西雅图回来后，在美国朋友的协助下，他开始为自己的海博翻译社建立首页。当时中国的网络是用速度很慢的拨号上网连接方式，花3.5小时才能打开一半的网页。但即便如此，马云仍然相当自豪，他证明了互联网的存在。

随后，他决定进入互联网行业。1995年4月，马云联合朋友创建了“海博网络”，当时的情况实在让人寒心：创建海博网络的资金只有六七千，是马云的积蓄，剩下的是从亲戚朋友那儿借来的。当时总共需要10万元，他就将家里的家具全卖了。而员工除了他、他的老婆外，只有一个大学同学。尽管如此，海博网络依然是中国最早的互联网公司之一。

马云说，别人是盲人骑瞎马，他当时算得上是盲人骑瞎虎。那时中国的互联网还没有全部连接起来，就只开通了他的那个网站。他早在1995年5月就挂上了互联网，上海是8月才开始挂上互联网的，直到两个月之后马云才开始有了竞争对手。做得最早的是中科院高能物理研究所的“中国之窗”网站，马云在这之前已经把自己的网站改名为“中国黄页”。

马云和他的创业团队始终记得，当年他们意气风发闯北京却以失败告终。在马云宣布打道回府的告别宴会上，大家喝起了北京的二锅头，宴会中不知有谁带头唱起了《真心英雄》：“在我心中，曾经有一个梦，要用歌声让你忘掉所有的痛……把握生命里的每一分钟，全力以赴我们心中的梦，不经历风雨怎么见彩虹，没有人能够随随便便成功……”

5 年以后，阿里巴巴首战告捷，2000 多名热血沸腾的阿里巴巴员工又唱起了这首歌，有人看见马云在偷偷地抹眼泪，但事后马云不承认。老歌重唱，他们是什么样的心情？他们肯定想起了当年的那个小酒馆，想起他们含泪而歌的那个晚上。

在 2005 年阿里巴巴社区大会上的演讲中，马云说：我们没有放弃第一天的梦想，我们还要走下去，我们还要走 96 年。从我们第一天说要让阿里巴巴持久发展 80 年起，我们就没有改变过；今天我们说要做持续发展 102 年的公司，成为世界上最大的互联网电子商务网站。

可以说，坚守第一天的梦想不变，是马云成功的关键因素。作为一个没背景、没技术、没资本的创业者，马云唯一拥有的只有“梦想般的理想”，而正是靠这个理想，马云，才真正成为马云。

被拒绝了，再尝试一次

马云说初恋是最美好的，每个人的第一次恋爱最容易记住；每个人初次创业的时候理想是最好的，但他走着走着，回来就找不到这条路在哪里。我们是坚持初恋的人，我们是坚持梦想的人，所以能走到今天。

不错，人想要成功，就要像马云一样，有点坚持的精神，失败了、被拒绝了，再尝试一次，持续不懈地努力，终能达成自己的目标。如果遭遇一点点的困难就想要放弃，那么是无论如何也无法获得我们想要的成功的。

一个人挖井，10 年先后挖了 10 眼井，没有一眼挖出水来。有好多眼井，在快要挖出水的时候，他动摇了，放弃了，他认为永远不会挖出水，于是又去开挖一眼新井，10 年就这样过去了。另一个人，一眼井坚持挖了 10 年，终于挖出了如泉水般清冽甘甜的井水。他成功了！打井挖水的故事一直以来就广为人们传诵，马云也信奉这种打井挖水的精神，淘宝就是在B2B 领域挖水挖出来的结果。淘宝能成功，要归功于马云坚持不懈地挖井，以及他身后那群信念坚定、跟着马云一起挖井的人。

B2B 是指企业与企业之间通过互联网进行数据信息的交换、传递，开展交易活动的商业模式。它将企业内部网通过 B2B 网站与客户紧密结合起来，通过网络的快速反应为客户提供更好的服务，从而促进企业的业务发展。在走上电商这条道路之后，马云坚信 B2B 的光明未来。事实上，随着互联网技术的成熟以及实际的商业发展需要，近年来 B2B 发展势头正如马云所预料的一样，呈现出迅猛而成熟的姿态。坚持在 B2B 领域深度挖掘，最终让淘宝脱颖而出。

在回顾淘宝发展的过程时，马云说："我们休养生息，不是一口气想吃成一个大胖子，创业不要做最难的事情、最具战略的事情，而是做最快乐的事情、最容易的事情。B2B 这个模式听起来有点 tough（艰难），但是说实在的，如果我们当年不把 B2B 打出水来，会有淘宝吗？会有支付宝吗？没有。很多人到沙漠上找水源，一看这个水太少了，再找一个大的，结果在路上都死掉。有一口泉水，赶紧挖下去，喝好了，再找下一口，等到你们家七口泉都出水的时候，再找有战略意义的东西。"

在人生之中，失败或许不是一件坏事，成功也未必是最终结果，而坚持理想一定是一件意义重大的事。那些有所成就的人，在获得巨大的成功之前，必须在理想的道路上努力坚持。很多时候，只有始终坚持，才会有奇迹发生。

与很多有着光鲜背景的互联网神话制造者不一样，马云的出身很平凡，创办公司的时候甚至只能把家当办公室，但他能坚持。提起往事时，马云感慨良多：创始之初，惨不忍睹，就跟骗子似的。阿里巴巴从成立以来一直备受质疑，马云从创业的时候一路被骂过来，别人都说这种模式不可能，但他依旧坚定不移地走电子商务路线，尽管他相信电子商务也许 3 年，也许四五年都挣不到钱，但他坚信 8 年、10 年后一定能够挣到钱。

任何一家企业都不是一步到位的。正如马云所说，先有了阿里巴巴这个能打出水的深井，才有了淘宝这第二口泉，才有了后来的支付宝。现在众商家都在争夺移动支付入口，这是一个全新的东西，阿里巴巴能抢先拿到这张门票,靠的就是在正确的方向上的坚持。这看起来很难,其实做起来很容易,做起来很难,看起来很容易。

马云在贵州演讲时说起,每一次新的机遇的到来,都会造就一批富翁。没有谁知道未来会发生什么,只有按照新的思路走下去的人才能看到机遇,看到真正的结果。

做好自己,才是生存的根本

有傲骨,但不要有傲气

2016年10月,马云在云栖大会上慷慨陈词:“希望大家不把它当作唯命是听的警示,而是把它当作改变自己的机遇,全速开始。”

俗话说,人要有傲骨,但不能有傲气。傲骨是一种人生态度,是一种值得钦佩的人格。傲气只是骄傲而已,有了傲气的人,往往会自命不凡,认为自己能干,比别人高出一筹,因此目中无人。这就是他今后失败的先兆。有了傲气的人,当成功的时候,赞扬、奉承之词迎面扑来,他就会飘飘然,听不进批评和忠告,辨不清真假与是非,最终还是失败。对于这种人来说,成功无异于成了“毒药”。

成功做人就做那有傲骨者,但不要带傲气。马云就是一个有傲骨的人,如果对马云足够了解,那么一定会明白,马云是很狂的。但他的狂不让人讨厌,因为他向来都是在命运和现实面前狂妄,在其他人面前一直保持平和。马云的狂不是觉得别人都不如自己,而是他从不认为命运和现实能够打败他。这份面对生活永不服输的勇气,就是真正的傲骨。

马云曾做客央视的《新闻会客厅》节目,在那次访谈中,马云的许多表现,很好地诠释了他的个性:身带不盛气凌人的狂傲。下面是其中的一个画面：

主持人：你觉得当别人说你是疯子、骗子、狂人的时候，对你都是某种程度上的冤枉吗？

马云：那我自己看来，觉得我并不是疯子，我也不是狂人，我更不是骗子。

主持人：但人家说你的时候你怎么看，你笑而已？

马云：我觉得挺好，你得用结果去证明你不是。1995 年我们做互联网，人家认为我们在说一个不存在的故事，但是到 1995 年 8 月份，中国电信一推出互联网的时候，我就证明这世界确实有互联网存在。别人都不相信电子商务，不相信中国的 B2B 和全世界 B2B 能够存在的时候，我们花了 4 年时间来证明 B2B 确实有这个市场；我们今天提出来希望把这个公司带成由中国人创办的全世界最好的公司，别人认为你太狂妄。你想打进世界五百强，想想又不要钱的，想想又不犯罪，你连想都不想怎么去做。你想了以后，然后一步一步地踏实去做，建立优秀的梯队去做。人家说你是狂人，你天天去解释我不是狂人，人家说你是疯子，你天天解释你不是疯子，那你就没时间做事儿了。

一席话将马云的狂傲表现得淋漓尽致，却不会让人们感觉讨厌。因为他是在向生活喊话、向命运喊话，而不是在抬高自己、贬低别人。

我们一定要明白，一个在生活面前不屈，能够将生活踩在脚下的人，才是真正的强者，也只有这样的人才有资格狂妄。同时，也只有这种面对生活的狂妄才不会引起别人的反感。因为这代表着人类对命运的抗争，代表的是人类那不服输的勇气。

那些觉得把别人踩在脚下才能体现自己价值的人，便是讨厌者，这种人才是真正让人讨厌的。得道者多助，失道者寡助，我们在跟别人相处的时候，不要轻易否定别人。我们可以狂，但不能用其他人来显示我们的狂。在跟别人相处的过程中，可以表达自己对生活的反抗，但绝对不能表现自己对其他人的反抗。前者是一种精神，后者是一种狭隘。

做人就要做一个大写的人，一个真正自信的人，不用靠跟别人对比来显示自己能力的人。他只需要说出自己对人生、对世界的看法，自然就能够赢得别人的认同。如果觉得自己只有表现得比别人强，比别人更加优秀才能够引起别人的认同，那就大错特错了。

一个不管什么时候都靠唱反调来显示自己的人，只能给人以浅薄感。只有时时表达自己对人生、对生命的不同见解，才能给人以深刻感。

做人要傲，但那傲是对生命的傲，而不是对别人的傲。真正的强者，就要像马云那样，随身携带不盛气凌人的狂傲。

淡然一点，洒脱一些，赢得尊重

真正能看透一个人内心的，不是他如何对待自己的朋友，而是他如何对待自己的敌人。一个对自己朋友好的人，未必就真是好人。只有尊重对手、理解对手的人，才是真正的好人。

很多时候，看一个人不要看他对朋友做了哪些承诺，而是要看他对其对手做过哪些诅咒。那些整天都在诅咒自己对手的人，多半不是好家伙。

不管做什么事情，随意些就好，不要太过纠结，也不要有太多的情绪。随意一些，洒脱一些，会赢得更多人的尊重。马云在接受《对话》栏目采访时就很好地诠释了这一点。

主持人：欢迎马云，欢迎。我记得上一次你在《对话》现场说过自己挺喜欢金庸小说，喜欢风清扬。一个人一旦成为武林高手，围绕在他周边的人就会很多，这些人你可以分成两类，一类是朋友，一类是敌人。你努力打造这样的基础，未必每个人领情。刘强东抱怨支付宝太贵了，每年支付支付宝的费率高达五六百万元。京东对支付宝还没到离开了不行的地步，因为目前京东商城的用户在线支付时使用支付宝所占的比例并不高，只有10%，即使停掉，影响也不大。他还真不是说说而已，还真的给停了。就在2011年的5月份，他停掉了支付宝。我觉得可能你希望他是生态链当中的一员，但是从这样的举动当中，我们外人判断他好像把你当成对手。

马云：天下把我当对手的人多了去了，他觉得贵了，他觉得不合适，他离开，离开了自己建，挺好。只要他觉得比我建得更好，他觉得效率更高，当然得支持他。至于到底是不是这么贵，是不是费用更便宜，他心里应该更清楚。你应该问他到底是贵在哪里。其实一个公司最有乐趣的时候是你的客户在成长，你的对手也变聪明了，也在成长。你最怕蛮打的，一个拳师碰上一个蛮师，你也就不知道该怎么办了。一个拳师碰到另外一个顶尖高手的时候，大家才能互相成长。在交手的过程中，我觉得你要以欣赏的眼光看对手。我觉得以前吧，我刚创业的时候跟大家也一样，觉得反正对手干的都是坏事，他干的一定是针对我的，你这个东西肯定是针对我的。我今天跟以前有了差异，这不是因为我们的企业做到了这个规模，而是四五年以前我们想明白了一个道理，要用欣赏的眼光看对手。你看这个东西不错，得学习，他那么生气就输了。就是在你跟对手竞争的过程中，最主要就是让对手心情变糟糕。

从这段对话中可以看出马云是一个极淡然的人，这份淡然传达出的是一种从容、自信的处世态度。这也是很多人喜欢马云的原因。因为他足够自信，足够洒脱，也足够淡然。

面对对手的时候，我们应把情绪放一放，用一种淡然的态度去面对，不仅能够缓解彼此对抗的情绪，还能给旁观者一个好印象。最坏的做法便是鄙视甚至诅咒自己的对手，那样便是将自己的格局弄没了。没人会喜欢一个没有格局的人，就像没有人会喜欢一个吝啬到了极致的人一样。

在面对荣誉的时候也是如此，不要一副欣喜若狂状的样子，也不要急急忙忙向周围人展示自己的成果。淡然一点，我们取得的荣誉别人自然是能看到的，如果他们已经看到了，我们还大张旗鼓地告诉他，那么只会让人更加反感，于我们自己无益。

把心放淡，不要太过情绪化。不管面对什么事情，都泰然处之，自然能够得到更多的认可。

不矫揉，不造作，方成大器

提到马云，很多人想到的都是疯狂、张扬或者激情，但其实马云真正的标签是真性情，有什么就说什么，想到什么就说什么。真性情才是马云的品质，正是有这种品质在支撑，才能让马云得到那么多人的喜欢。

我们一定要明白一个道理。所谓的张扬或者低调，都是外在的表现，是形式上的，真正决定一个人是否受欢迎的并不是这些，而是我们的品质。一个人品质好，那么不管是张扬还是内敛，都会受人欢迎，一个人品质不好，那么不管怎么样，人们都不愿意跟他来往。人的品质又有很多方面，比如有善良、忠厚、朴实，当然还有真性情。前面几种也是人的好品质，但想要让人发现这些却需要一些时间，只有真性情能够瞬间引起别人的共鸣。

因此，如果想要很快就得到别人的认同和欣赏，就要在真性情上下功夫。说话、办事，都秉承一颗真挚的心，用真性情去表露，自然能够让我们获得更广的交际圈。

在一次采访中，马云与记者的谈话能很好地说明马云是一个真性情的人。

记者：你在1995年就创立了中国第一个网站，之后又经营出全球最大的电子商务网站，你是怎么看自己的成功的？

马云：其实我从来都没觉得自己成功过。和很多所谓成功的人相比，我既没有技术背景，更没有父母庇荫，这样怎么能成功呢？可是，当我某天念头一转，发现如果阿里巴巴从世界上消失，那可能至少会有50万个中小企业因此而破产、倒闭，数百万人失业，我才惊觉，原来自己做的早已经不是普通的事情。

其实若要说阿里巴巴成功，也不尽然，媒体对我们其实也是褒贬不一。对我来说，阿里巴巴不过是一家普通的公司，发展或许是比较快，名气也比较大，但我要说的是，对每一个进来阿里巴巴的员工，我都会告诫他们，这里没办法保证你能升官发财，但可以保证你一定会非常辛苦。

记者：很多人认为你在互联网还没进入中国时，就看到了网络的先机，很有远见，你是怎么办到的？

马云：我没有什么远见，那都是瞎猫碰上死耗子。1995 年我到美国找朋友，他向我介绍当时美国正流行、但中国却还看不到的互联网，我搜索了 beer、China 等字，发现一个关于中国的网页也没有，于是便开设了可能是中国第一个网站的杭州翻译社。怎知开站的当天晚上就收到好几封电子邮件，我便想，网络应该可行。

于是我回到杭州，借了 2 万元设了中国黄页，我们一家家拜访中国的制造业，再把他们的产品目录翻译成英文，放到网站上。但当时中国根本没有人知道网络是什么，向政府注册也因没有网络的分类而遭遇困难，更有不少人把我们当成是诈骗集团。

为了建立知名度，我甚至盗用当时在中国名气正响亮的比尔·盖茨的名义来宣传，加上中国邮政终于在 1995 年 8 月在内地开通互联网，知名度才渐渐打开。

当时我身边所有的朋友都反对我放弃教职，投身未知的网络事业，但我非常坚持，因为我一直觉得我感受到了一些他们没有看到的东西，我觉得我应该要做。

从马云的言谈中我们可以看出马云的为人，就是很随意的、真性情的。他是这样的人，也这样说话做事。所以人们不需要对马云有过多的了解，只要短短的接触，就觉得这个人是有吸引力的。这就是真性情的魅力。

这世上，大多是好人，很少有人是品质坏的。真正区别人的办法不是将人分成严格意义上的好人和坏人，而应该分成有吸引力的好人和没有吸引力的坏人。在增强吸引力方面，真性情自然是最好的。

表现你的真性情，比掩藏自己而刻意给人制造一种印象式的表达，要受欢迎得多。所以，不要压抑自己的情感，也不要刻意去营造一种情感。只要我们的情感对别人是无害的，没有能够伤害到别人的地方，那么就不妨大胆地表露出来。这就是真性情，是一种最能获得别人认可的品质。

第二章 得道者成，失道者败

没文化，战五渣

带小公司靠能力，管大企业靠文化

一个缺少文化的企业是一个没有灵魂的企业，一个没有文化的网站也将是一个缺少灵气、无法大量凝聚人气的网站。可以说，马云一直是一个伟大的“布道者”，是一个辉煌梦想的“鼓吹者”。他的梦想是做中国人办的全世界最好的公司，做世界十大网站之一，做个102年的企业！他让阿里巴巴的所有员工和他一起，把这个梦想当作信仰，当作阿里巴巴的价值观，并将这一伟大的信仰落实在点点滴滴的行动上。

很多时候，一个企业的文化，是通过领导者的思想和行动表现出来的。一个企业家，哪怕他的企业只有两三个人，他也必须有自己的思想，有独到的理念；他必须不断地在管理水平上、技术上、精神上、理念上充当一个领袖的角色，起到一个领袖的作用。只有他把个人行为做成群体行为，把个人道德做成群体道德，才能算是文化建设。马云坚信这一点，所以他要求所有的员工一起坚持理想，去为同一个价值观奋斗。他相信，只要有1万个人相信一件事，那就是一种神圣的信仰。也只有这样，才能激励员工为公司、为自己创造更多、更大的价值。

“如果你想让列车时速再快10公里，只需要加一加马力；若想使车速增加一倍，你就必须更换铁轨了。资产重组可以提高公司一时的生产力，但若没有文化上的改变，就无法维持高生产力的发展。”这是杰克·韦尔奇的名言。

管理十几个人的团队，靠一个团队领导的能力；带100个人的团队，靠组织架构的能力；带2万人以上的团队，那就只能靠文化。

沃尔玛从一家不起眼的小店发展成为当今世界上最大的零售企业，必定有其独特的经营之道。约翰·科特在进行企业文化与企业业绩关系的研究中惊奇地发现，沃尔玛这家服务性公司在企业文化力量方面平均得分值排名第一，企业经营业绩的增长指数排名也位居前列，排名第二。在众多成功因素当中，沃尔玛的文化和因其文化而聚集的团队起了重要的作用。在美国管理界，沃尔玛被公认为最具文化特色的公司之一，最适宜工作的公司之一。可以说，沃尔玛文化打造的团队是沃尔玛其他战略得以成功实施的肥沃土壤。

好的文化可以塑造团队的向心力，坏风气会在团队中形成一种病毒式传播，又快又剧烈地毁掉整个团队。所以，企业领导者在经营管理的过程中，要提倡好的态度和行为，警惕坏的迹象和风气。

没有目标和价值观的企业走不远，长不大

价值观是一个企业长治久安的保障，有个好的价值观，企业才能更顺利地发展。为此阿里巴巴制定了共同的使命、共同的目标、共同的价值观。马云说："新员工只有经过学习才能加入阿里巴巴。今天想跟大家讲，使命、价值观、目标是任何一个企业、任何一个组织机构一定要有的东西。如果没有这3样东西，你走不长，走不远，长不大。"

2003年，阿里巴巴的大股东孙正义召集他投资的所有公司经营者开会，每人有5分钟时间陈述自己公司的现状，马云是最后一个。马云陈述结束后，孙正义说："马云，你是唯一一个3年前对我说什么，现在还是对我说什么的人。"

当然，这并不是说马云前后说的是同一番话。孙正义指的马云3年前说的话，就是1999年阿里巴巴创建时所确立的目标。当时，马云判断，中国必将加入WTO，这也意味着中国企业到国外开展业务指日可待。所以，阿里巴巴创立的第一个想法就是，通过互联网帮助外国企业进入中国，帮

助中国企业出口商品。

马云经过认真考虑，认为推动中国经济高速发展的是中小企业和民营经济，阿里巴巴应该帮助那些真正需要帮助的企业。这是马云最早的构思。到2003年，马云仍坚持这样的构想。马云的专注和坚持让孙正义决定继续投资阿里巴巴。

阿里巴巴的发展证明，这个构思一直是马云专心要做的唯一一件大事。这也是阿里巴巴能走到今天，并愈走愈坚定的关键所在。这个构思在经过互联网多年的风潮沉浮之后，不仅没有动摇，反而更加坚定。

马云曾说过："经济条件、经济利益、办公条件我们都可以讨价还价，但有一样东西不能讨价还价，那就是企业文化、使命感和价值观。我们的企业是一个由使命感驱动的企业，'让天下没有难做的生意、创办全世界最好的公司、做102年的公司'，这些目标从第一天起直到现在，我们不想改变，我们也不会改变。从今天起到未来，我本人以及今后接任我的CEO，都必须按照这个目标走，这个我不跟大家讨价还价。"

马云是这么说的，也是这么做的。无论面对什么样的境况，坚守企业的价值观、使命感是马云毫不退让的原则。

马云曾举例说，爱迪生企业的使命是让全世界亮起来，从企业CEO到门卫，大家都知道要将自己的灯泡做亮、做好，结果现在"打遍天下无敌手"。我们再看另外一家公司——迪士尼。迪士尼公司的使命是让世界快乐起来，迪士尼的所有东西都是令人开心的，拍的电影也都是喜剧，招的员工也全是快乐的人。

惠普公司的创始人休利特和帕卡德在1957年公司上市之际，确立了公司的核心价值观，其主要内容是"客户第一，重视个人，争取利润"。公司围绕这种宗旨和价值观，制定出了许多具体规划和实施办法，最终形成了被业界誉为"惠普之道"的企业文化。

在惠普公司的发展历程中，企业制度经过多次调整和完善，但其核心价值观从未改变过。核心价值观使惠普这个从车库里走出来的公司，发展成了一个享誉全球的大公司。惠普公司的成功源于对惠普核心价值观的锲而不舍的坚持。惠普前总裁卡利·菲奥莉娜说：“惠普取得持续成功的关键，就是惠普的创造力、惠普的核心价值以及行为准则的精神。”她认为企业发展的关键因素不是技术，而是对核心价值观的坚持，以及在思想指导下保持管理制度的传承性。

丰田汽车公司的服务让全世界都懂得尊重。据说，在芝加哥的一个大雨天，路上一辆丰田车子的雨刮器突然坏了，司机傻在那里，不知该怎么办。突然，从雨中走来一位老人，他趴到车上去修雨刮器。司机问他是谁，他说他是丰田公司的退休工人，看见他们公司的车坏在这边，他觉得有义务把它修好。这就是强大的使命感和企业文化，它使得每个员工将公司的事当作自己的事。只有在这样的使命感的驱使下，才会诞生今天的迪士尼、今天的丰田。

如果一个企业的核心价值观随着时间的推移变成不可动摇的天条或信念，它就成了一种核心竞争力，成为一种最不可模仿、最不可替代的能力。可见，企业价值观决定了企业和个人如何算账、如何看未来，决定了企业未来的发展前景。

给员工建立一个为之奋斗的小目标

企业家最成功的地方在于他能在企业使命上充分发挥领导力，而不是简单地带领员工去实现目标和利润。马云说，不要让同事为自己干活，而要让同事为企业的目标和理想干活。共同努力，团结在一个共同的目标下，要比团结在一个企业家底下容易得多。企业家首先要说服大家认同共同的使命，而不是让大家为他个人干活。拥有了统一的目标和使命，企业全体员工就会朝着同一个方向前进，使自己的潜能得到不断的发挥。

马云说，当公司有一个傻瓜时，领导会很痛苦，有50个傻瓜时是最幸福的，吃饭、睡觉、上厕所排着队去；当公司有一个聪明人时很带劲，当公司有50个聪明人时实际上是最痛苦的，谁都不服谁。马云认为自己在公司里的作用就像水泥，把许多优秀的人才粘合起来，使他们的力气往一个地方使，这就是他的工作。

在企业里，要加强员工对企业目标的认同感，这样才能激发他们的工作热情。这就需要确定一个明确的、具有可操作性的目标。马云建议说，如果给公司指出一个目标，这个目标必须非常明确、清晰，使整个公司上下从总经理到门口传达室的老大爷都知道这个目标。当人们的行动有了明确的方向，而且不断地与目标进行对照，人们的行为动机就会得到维持和加强，同时也会自觉地克服一切困难，努力达到目标。

没有明确的目标，或是目标不专一的企业，再勤劳也是徒劳，就像一艘没有目的地的船。如果有目标、有方向的话，就算是中途遇到风浪，风浪停息后，还是可以调整好方向，向着目的地驶进。

壳牌石油公司的创立源于马库斯·塞缪尔的敏锐直觉。他在10岁时就与父亲一起闯荡，把贝壳卖给箱包制造厂用作装饰，然后再运到伦敦进行销售。在多次的航行中，塞缪尔经常看到美国石油巨头洛克菲勒家族的油轮，这个无名小卒竟然从这些冒着浓烟的油轮上看到了自己的前途，敏锐的直觉告诉他：石油真是个不错的生意！从此以后，他放弃了一辈子卖贝壳的念头。

当他扩大了贝壳生意，赚取到足够的资金后，立即进入了能源业。但是塞缪尔没有足够资金经营石油，就开始把远东的煤炭运到日本销售，完成了资本的原始积累。

随后，他组建了自己的石油公司，由于是从贝壳生意起家，石油公司的名字就叫壳牌石油公司。这个公司至今都坚持着塞缪尔的伟大信念：瞄准目标吧，没有不可能发生的奇迹！

建立目标管理制度的一个关键点，是要让企业的高层管理者们对整个企业进行一次深刻的考察，目的是了解本企业的目标、人力情况、本企业的优劣势以及本企业可用资源的状况等。通过对企业的经营实况做一番衡量，可以决定应从何处着手及如何着手建立目标管理制度，才能取得最大的效果。通常应考虑以下的问题：

1.目标管理制度能否成为一项正式的制度。倘若要成为正式的制度，那么应该“正式”到什么程度。

2.是否全部管理层都应参与。

3.制度的推行，是仅以企业的某一部门为限，还是应在整个企业中全面推行。

4.推行目标管理制度，是否与绩效奖金制度相结合。

5.推行此项制度时，应与企业内部的管理信息系统及其他有关制度建立怎样的关系。

6.在推行目标管理制度之前，是否应先有一段试行期间。

7.是否应该先从企业内某一部门或某一管理层开始推行，然后根据推行的经验决定是否扩大范围。

反匿名、不干预，是种尊重

在阿里巴巴创业初期，各位创业元老经常争论。有时候争论过了头，个人情绪化的问题都爆发了出来。为了避免这些争论影响团队的合作，阿里巴巴制定了一个原则——简易。要求非常简单：我对你有意见，我就应该找到你，谈两个小时，要么打一场，要么闹一场，我们俩把问题解决掉。如果你对我有意见，你不来找我，而去找第三方的话，你就该退出这个团队。随着阿里巴巴的不断发展，面对面的直接交流已不可能，为了保持整个团队的无障碍沟通，阿里巴巴充分利用了互联网的便利。马云在一次演讲中说道：

“我们反对在内网实行匿名制，我们倡导的是open（开放）的文化。匿名制只会使人与人之间互相怀疑、猜测，他可以很不负责任地说一些很不负责任的话，或者他说的话是负责任的，但他又不愿意说他是谁或别人是谁，而使公司的员工都在猜测。阿里巴巴是所有员工的，是股东也是我们会员的，我们没有什么话不可以说。现在我们开设了 open@alibaba-inc.com 的信箱，我们很欢迎大家来信，并且保证一定有答复。”

这样一个决策说明了在阿里巴巴内部言论是自由平等的，公司给予员工畅所欲言的权利。这个反匿名制的做法，其实能够产生出一些更富有责任心的意见、观点、措施，而不是无病呻吟或者单纯的情绪宣泄。

很多企业的内部沟通，为了避免出现打击报复的现象，当想要更为民主地集思广益时，一般都采取匿名和不通告的方式。这种方式需要建立在一个高度负责和有想法的企业组织中，否则就很容易变成一种形式主义。

反匿名、公开观点，其实是一种约束力。这也体现了阿里巴巴平等自由的管理理念。其实，这种理念也给予了员工足够的尊重。

一个 18 人的创始团队，经历多年风雨，依然不离不弃；一个上千人的团队，能够无宗无派，精诚团结。这在中国近乎天方夜谭。阿里巴巴团队能有今天，不能不归功于企业文化的力量。

阿里巴巴初创时，没有严格的管理制度，也没有严格的工作流程，只有自由争论、平等决策。马云说，因为自己不懂技术细节，而同事们都是世界级的互联网高手，所以自己很尊重他们，他们说该怎么做就怎么做。尊重和不干预，马云对待工程师一直是这个态度。公司只有三四个工程师时是如此，后来公司的技术人员发展到 500 人时还是如此。马云一直把他们当作一个特殊群体，尊重他们、宽容他们，甚至给他们特殊政策和特殊待遇，为他们的发展开拓了广阔的空间。

网络公司离不开技术，马云时常为阿里巴巴拥有众多世界级的网络高手而自豪。他千方百计吸纳人才，其中很多人都是像雅虎搜索器开发者吴炯这样的技术人才。阿里巴巴的工程师分为 P1、P2、P3 三个等级，成为 P3 以后还有很大发展空间。马云早就宣布过：工程师可以做技术副总裁，也可以做 COO（首席运营官）和 CEO。阿里巴巴曾经的 COO 李琪就是工程师出身。

马云用自己的人生观给阿里巴巴注入了活力，他看重团队、朋友、友情，这是阿里巴巴价值观的源头。

做企业，而不是做生意

永远不要把赚钱作为第一目的

马云在接受杨澜采访时有这么一段对话：

杨澜：一开始当你决定要辞去一份收入虽然不高但是很稳定的大学老师的工作，开始创办中国黄页时，你觉得是一个什么样的想法？我仍然不能够完全接受你所说的只是为了多一点社会实践这个说法。

马云：很多人不能接受，但我事实上就是这样想的。怎么说呢？我是20世纪60年代末出生的人，理想主义者，在学校里教书，天天给学生讲这些东西。我觉得我还是很单纯、幼稚。尤其到现在，我越来越明确一点：人生是一个过程，它不是一个目的，所以你经历过多少、犯过多少的错误，才是最宝贵的。

杨澜：但是这让你听起来像个圣人。你真是这样想的？你真不是为钱？

马云：我马云比其他大部分CEO要坚强的是，我不为钱干，永远不把赚钱作为公司的第一目标。你说到这个就要做到。最后你反过来看自己赚了很多钱，这是个结果，它不是我追求的目标。因为我自己坚信，如果一个人脑子里就想赚钱的话，他脑子里想的是钱，眼睛里是人民币、港币，讲话全是美元，没人愿意跟你这样的人做生意。

在马云看来，经营企业不应该以赚钱为目的，如果那样，很可能赚不到，而且也不开心，甚至会陷于抱怨中。赚钱只是一种结果，它永远不应该成为一个目的。

在阿里巴巴上市之后，很多人都说阿里巴巴创造了很多的富翁，这些富翁当然是指阿里巴巴的员工。马云却有不同的看法，他觉得阿里巴巴要让客户成为富翁，他更希望自己的客户赚钱。“我可以很高兴地告诉大家，阿里巴巴一定会培养出无数的千万富翁出来。但是阿里巴巴要把自己的员工变成百万富翁、千万富翁，首先第一个是要有更多的客户因为用了阿里巴巴而成为百万富翁，这是最关键的。阿里巴巴的使命是帮助中小型企业，它们的生意做得越来越好，其结果是我们公司也挣钱。”

很多人好奇阿里巴巴为什么会受欢迎，马云告诉他们：“阿里巴巴是商人们用来赚钱的工具，因为大家依靠阿里巴巴赚到了钱，所以受欢迎是再正常不过的事情。”“帮客户赚钱”才是马云心中阿里巴巴的真实价值所在，阿里巴巴也因此成为“一等一”的产业。

无独有偶，快递界的大咖顺丰也是这样一个企业。顺丰的董事长王卫说：“做企业的目的不是为了赚钱，我是想做成一个平台，通过这个平台我可以实现我的价值和理想。”

1993年3月，作为第一代“水客”，背着装满合同、信函、样品和报关资料的大包往返于香港和顺德之间几年后，22岁的王卫在顺德创立了顺丰速运。当时，这家公司算上王卫本人也只有6个员工。

经过18年的发展，截至2010年，顺丰的销售额已超过100亿元人民币，年平均增长率为40%，有员工11万多人。据权威数据显示，2010年，在广东市场上，顺丰已经超越EMS，成为快递行业的龙头老大；在国内市场，顺丰的市场份额也飙升至19%，是最大的民营快递企业，离第一名的EMS仅有一步之遥。

然而，在谈到上市的问题时，王卫说：“上市的好处无非是圈钱，获得发展企业所需的资金。顺丰也缺钱，但是顺丰不能为了钱而上市。上市后，企业就变成一个赚钱的机器，每天股价的变动都牵动着企业的神经，对企业管理层的管理是不利的。”

“做企业应该踏踏实实，真正想做好企业，就要做基业长青的企业，就要有远大的远景，要为未来进行大胆的投入、大量的投入。然而，成为上市公司后，每一笔投入，都要向股民交代，说服他们这笔投入是有利可图的，是可以在短期内获得利润的，要有业绩出来。这个我恐怕做不到，我真的没有办法保证对未来的战略性投入可以有立竿见影的效果，更不能保证我不会失败。这违背了我做企业的精神。”

在王卫看来，做企业，是想让企业长期地发展，让一批人得到有尊严的生活。上市后环境不一样了，需要为股民负责，保证股票不断上涨，利润将成为企业存在的唯一目的。这样会使企业变得很浮躁。

正是因为不将赚钱、上市作为企业的第一目标，顺丰才能成为一家备受认可的快递企业。尽管目前快递行业面临大整合，小型快递企业纷纷关门或者被并购，大型快递企业最终将彻底垄断90%以上的市场份额，最后幸存的快递企业可能只有10家左右。

然而这并不影响顺丰做一家好企业、做一家基业长青的企业。顺丰可能正像一些人预测的那样，会成为中国的联邦快递（FedEx）。10年之内，顺丰也许会买100架飞机，全国八成以上的机场周围将来都会有顺丰的库房。光这两样，已经没有第二家公司能跟它比了。

真正做事业的人，不会为了钱而做事业，只会把赚到钱当成一种结果。凡是以赚钱为目的的事业，都很难做得起来，或者说无法取得大的成就。所以，经营企业，永远不要把赚钱作为第一目的。

让对方赚钱，自己才会赚到钱

老子曾在《道德经》中说过：“将欲去之，必固举之；将欲夺之，必固予之；将欲灭之，必先学之。”后人对这段话进行了提炼，并且总结为：欲想取之，必先予之。这句话的大意就是如果你想要得到一些东西，首先就得给予一些东西。为什么钓鱼要用鱼饵，因为有了你所给予的鱼饵，你才能得到你想要的鱼。做生意也是一样，只有先让合作伙伴尝到甜头，先让对方赚钱，自己才会赚到钱。

马云运作淘宝的过程，其实也就是一个“欲想取之，必先予之”的过程。予的过程是长久的，而且成本是巨大的。据悉，无论是阿里巴巴还是淘宝网，马云在成立之初都承诺免费注册店铺。淘宝刚成立的时候，马云更是明确表态：“淘宝网给大家免费使用3年。”这3年的时间里，马云不会从淘宝中赚到一分钱，支持淘宝正常运作的是阿里巴巴在B2B领域赚得的利润。在免费的3年里，除了零收益之外，马云还利用阿里巴巴为淘宝网注资，注资额度高达5亿元，为的就是能够给淘宝网的用户带来更好的使用体验。

在淘宝3年免费的承诺发布之初，并没有多少人看好淘宝的未来。很多人难以想象淘宝网到底能撑多久？阿里巴巴究竟得赔进去多少资金？一般来说，C2C（个人对个人消费者）网站的收费来源主要包括以下四大类：交易服务费、特色服务费、增值服务费、网络广告费。其中交易服务费包括商品登录费、成交手续费、底价设置费、预售设置费、额外交易费、安全支付费、在线店铺费；特色服务费包括字体功能费、图片功能费、推荐功能费；增值服务费包括信息发布费、辅助信息费等。每一笔费用的额度并不大，但类别多，商户庞大，各种数据加在一起，这笔资金也是个天文数字。如果3年内真的一文不收，除了网站正常的运作开支之外，其他必要的人力、物力等都不知道会烧掉多少钱。但马云认为，这笔开支是值得的。中国的C2C市场还处于培育阶段，免费政策的推行有助于维护更多的商户利益，降低他们在一个新模式创业期间的运作成本，让他们能够更快地实现盈利。对阿里而言，虽然增加了成本，但却收获了客户，树立了品牌。

马云在淘宝实行免费策略的期间，还曾呼吁淘宝网的竞争对手易趣网一起免费，结果被易趣拒绝。易趣不看好这种模式，认为担负的风险可能超过未来的回报，是一笔不值当的买卖。然而，正是这样一个顾虑，最终却使得曾经的易趣用户发生了“叛变”。一些易趣用户发现，淘宝的支付宝是免费的，而易趣的安付通是收费的。为了省去成交费，这些用户会先在易趣网上寻找自己需要的物品，然后选择用淘宝网的支付宝支付。在这个过程中，很多原本属于易趣的客户逐渐“叛变”到淘宝网上。

实践证明，马云花费了十几亿元，让淘宝网用户先赚钱，在今天看来，这一切都是值得的。马云就是利用了“欲想取之，必先予之”的法则，成功地将阿里巴巴和淘宝网推向互联网前沿，利用免费模式在C2C领域跑马圈地，站稳了脚跟。那些等着看马云热闹的人最终都失望了。

正如马云所言，客户和会员是阿里巴巴的衣食父母，如何让客户真正从电子商务中赚钱，是阿里巴巴的赢利之本。2010年，淘宝成功实现50亿元的盈利。面对淘宝的盈利，马云说道：“淘宝要真正赚钱，我还是这句话：要开始考虑赚钱的时候，是你帮别人真正赚了钱的时候。”

顾客的抱怨比赚钱更重要

马云说过这样一句话：“客户的抱怨一定要放在心上，有抱怨说明你做得不够好。”优秀的服务人员知道顾客的抱怨不是毫无根据的，他们把客户的抱怨当成是一面审视自己的镜子，从中照见自己工作中的漏洞，从而弥补漏洞。因此，他们会平和地对待顾客的抱怨，帮顾客解决问题，并懂得在顾客的抱怨中不断提升自己的服务水平。

很多客服人员遇到顾客抱怨时，会认为是顾客故意找麻烦，这种想法是错误的。对待顾客的抱怨应该有一个正确的态度，抱怨并不是顾客的目的，解决问题才是他们的初衷。服务人员的不正确看法，往往会导致他们解决问题时不够积极，不能坦诚地承认自己的过错。

一位培训师在培训服务人员的时候，总是不忘告诉他们：“顾客的抱怨比赚钱更重要。从顾客的抱怨中，我们可以更好地汲取失败的教训，将它转化为成功的动力。”企业服务人员认真听取顾客的意见是对顾客的一种尊重，许多事实都证明了这一点。

詹姆斯在纽约郊外著名的卡瑞月湖度假村工作。一个周末，詹姆斯正忙碌不堪时，服务生端着一个盘子走进厨房告诉他有位客人点了这道油炸马铃薯并抱怨切得太厚。

詹姆斯看了一下盘子，跟以往的油炸马铃薯并没有什么不同，但他们按客人的要求将马铃薯切薄了些，重做了一份让服务生送去。

几分钟后，服务生端着盘子气呼呼地走回厨房，对詹姆斯说："我想那位挑剔的客人一定是生意上遭遇困难，然后将气借着马铃薯发泄在我身上。他对我发了顿牢骚，还是嫌切得太厚。"

詹姆斯一直在厨房忙碌着，他觉得这个客人的确太挑剔了，但是他并没有生气，而是静下心来，按照客人的要求将马铃薯切成更薄的片状后放入油锅中炸成诱人的金黄色，捞起放入盘子后又在上面洒了些盐，然后第三次让服务生送过去。

不一会儿，服务生仍是端着盘子走进厨房，但这回盘子里空无一物。服务生对詹姆斯说："客人满意极了，餐厅的其他客人也都赞不绝口。他们要再来几份。"

这道薄薄的油炸马铃薯从此成了詹姆斯的招牌菜，慢慢传开后变成了薯片，并发展出了各种口味，今天已经是全世界人都喜爱的休闲零食。

詹姆斯的成功，关键在于他在面对顾客一次次的抱怨时，不是满腹牢骚，而是用优质的服务去做好自己的工作，让顾客满意。其实，很多服务人员在遇到抱怨的顾客时，很容易显得不耐烦，觉得顾客蛮不讲理，而不是静下心来从自己身上找原因。如果面对抱怨的顾客，每个服务人员都能像詹姆斯那样，那么他离优秀就不远了。

美国TRAP公司的调查发现，当顾客的可能损失在1—5美元时，提出抱怨并对经营者的处理感到满意的人再度购买率高达70%，而那些有抱怨却未采取任何行动的人重复购买率则为36.8%。当客户的可能损失在100美元以上时，提出抱怨并对经营者的处理感到满意的人再度购买率为54.3%，而那些有抱怨却未采取任何行动的人重复购买率只有9.5%。

不满意的顾客不仅会停止购买，而且还会迅速损害公司的形象。研究表明，顾客向其他人抱怨不满的频率要比向他人讲述愉快经历的频率高出数倍。反过来说，有效地处理抱怨能提高顾客的忠诚度及公司的形象。

面对顾客的抱怨，是把客户抱怨“积蓄”起来，等待着某一天的爆发，还是主动让顾客及时把抱怨发泄出来，化解客户的抱怨，相信明智的人都会选择后者。面对客户抱怨，既不要装作视而不见，也不要加以搪塞企图蒙混过关，更不要抱着一走了之的态度，唯一正确的选择是面对它、解决它、利用它，变不利为有利，变被动为主动。

竞争不是洪水猛兽

把竞争当作给予，把对手视为福分

有人把竞争当作灾难，不希望有竞争。其实，竞争不是洪水猛兽，竞争是一种积极的状态。置身于竞争之中，我们可以把对手当作磨刀石，与之较量的过程就是不断打磨自己的过程，直至把自己打磨得既锋利又强大。

很久以前，挪威人从深海捕捞的沙丁鱼总是还没到岸就已经死了，渔民们想了无数的办法，想让沙丁鱼活着上岸，但都失败了。然而，有一条渔船总能带着活鱼上岸，他们带来的活鱼自然比死鱼的价格贵好几倍。这是为什么呢？这条船又有什么秘密呢？原来，他们在沙丁鱼槽里放进了鲇鱼，鲇鱼是沙丁鱼的天敌，当鱼槽里同时放有沙丁鱼和鲇鱼时，鲇鱼出于天性会不断地追逐沙丁鱼。在鲇鱼的追逐下，沙丁鱼拼命游动，激发出了内部活力，从而能够活下来。

“鲇鱼效应”的道理非常简单，就是通过竞争来激发自身的活力，取得不断向前的动力。这也证明了，能够遇到优秀的对手是很幸运的事。但是，现在许多人都把对手视为心腹大患，是异己、眼中钉、肉中刺，恨不得马上除之而后快。

可在马云看来，能有一个强劲的对手，反而是一种福分。“明枪暗箭越来越多，QQ的实力大家都知道，百度的实力你们也知道，谷歌的实力也知道。阿里巴巴是强大，但我们对手也是世界一流、中国一流。QQ应该讲是世界一流吧，IM（即时通讯）谁玩得过它。谷歌是世界一流，百度股票涨到200多美元。告诉大家，碰上优秀的对手，首先你很幸运。淘宝很运气，阿里集团很运气，我们今天碰到的对手是世界一流的对手，我们要学习他们、超越他们。”

马云强调竞争就要选择优秀的竞争对手，不要选择地痞流氓。当然，如果最后你把这个优秀的对手打成了地痞流氓，那你就赢了。发现对手的时候，一定要以开放的胸怀、眼光分析对手的独特竞争力是什么，核心理念是什么。实际上，天下没有对手能够杀得了你，只有自己杀自己。

阿里巴巴今天的成绩，与其当年与eBay及其他对手的较量不无关系。淘宝与世界级巨头eBay相比是后起之秀，差距甚大。2003年5月淘宝成功上线，7月阿里巴巴宣布投资淘宝1亿元人民币，11月推出了网上实时通信软件贸易通（现在的阿里旺旺）。当时淘宝在C2C市场的主要竞争对手为eBay易趣（2002年eBay与易趣结盟），2003年eBay易趣在C2C市场的份额高达90%左右，并与中国主流门户签订了排他性的广告协议。但这并未阻止淘宝的发展，凭借“免费模式”的推出，以及对于用户体验的关注及提升，淘宝网迅速聚拢了人气。

2005年10月，阿里巴巴宣布再向淘宝网投资10亿元人民币，淘宝网继续免费3年。从市场份额来看：2005年年底淘宝C2C市场份额为57.74%，eBay易趣为31.46%，拍拍网为3.76%；2008年年底淘宝C2C市场份额为86%，拍拍网为7.2%，eBay易趣为6.6%。

马云对阿里巴巴的对手所持的态度是：尊重、欣赏、学习。他认为竞争是件好事，因为市场上的竞争者越多，就说明市场越大，机会也越多。马云将竞争对手当成“竞争队友”并加以感谢，因为在竞争中可以从对手身上学到长处以补己之短，使自己保持活力不断向前。

一个强劲的对手会让你时刻都有危机感，会激发你更加旺盛的精神和斗志。敌人的力量会让一个人发挥出巨大的潜能，创造出惊人的成绩，尤其是当敌人强大到足以威胁你的生命时。敌人就在你的身后，只要你一刻不努力，生命就会有万分的惊险和危难。

不论什么方式的竞争，也不论竞争对手是谁、竞争的具体内容怎样，竞争都是为了使自己压倒对方、超越对方。在这种压倒和超越对方的竞争中得到心理上的满足，生命才会变得更有意义。

正如马云所说，与优秀的对手竞争是一种乐趣。如果有一天你发现竞争是一种痛苦，就一定是你的策略出了问题。在竞争中要多用一点智慧，多用一点脑子。把竞争当作给予，当作乐趣，当作游戏，才是竞争的大境界。

选择优秀的对手，不与地痞流氓为伍

当今社会，竞争异常激烈，在职场中更是如此。竞争应该讲求公平公正，每个人都有谋求自己利益的权利，也不能阻止他人行使自己的这一权利，在竞争中应该恪守君子之风。

马云在竞争中一直坚持合理竞争、文明竞争的底线，虽然他曾被竞争对手欺骗与诋毁，但他从不以这种方式进行竞争。马云曾经这样说道：“你可以用各种各样创新的手法，但是不能用各种各样流氓的手法做事情，这是不能容忍的事情。否则有一天学生会问你‘马云你当年打天下是用了流氓的招数’。这是我今天想提醒自己、提醒创业人，也是提醒各位学生的创业精神。”

“阿里巴巴做得不好，所以我才想怎么让阿里巴巴更好一点。竞争的过程中，选择优秀的对手，学习它，而不是模仿它。学习竞争者赢，模仿竞争者一定死。不要把无赖当对手，选择对手不一定在这个领域里面，你要学习企业的管理模式。竞争是一种快乐，竞争是一种游戏，竞争不是一个目的，创造财富才是目的，改变社会才是目的。”

“每个企业都有竞争，一定会有竞争，而且必须要有竞争，但竞争不是企业生存的主要目的。竞争是企业发展过程中一定会有的痛苦，有竞争说明有市场，所以阿里巴巴孤独了5年。有人跟你竞争，在这个竞争过程中你必须学到一些东西。”

“但竞争要注意几个原则，第一就是要选择优秀的竞争对手，不要选择地痞流氓。你发现对手的时候，要以开放的胸怀、眼光分析它的独特竞争力是什么，核心理念是什么。天下没有对手能够杀得了你，只有你自己杀自己。”

“阿里巴巴做了两个铁规定：第一，阿里巴巴永远不给客户回扣，谁给回扣一经查出立即开除，回扣会使客户对阿里巴巴失去信任。第二，不许说竞争对手坏话。现在看来取得的效果不错，淘宝网的主业绝不该放在与对手的竞争上，而是把眼睛盯在提升客户体验上。”

马云认为，竞争是一种乐趣。一旦有一天你发现竞争是一种痛苦时，就一定是你的策略出了问题。竞争是一种给予，做企业是一种游戏，这个游戏是你跟公司的员工团结在一起的策略。在竞争中要多用一点智慧，多动一点脑筋。把竞争当作艺术，当作乐趣，当作游戏，才是竞争的大境界。

在现代职场中，员工追求工作成绩，希望赢得上司的好感，获得升迁，使得同事之间很自然地存在着一种竞争关系。但是我们必须坚守一个原则——即竞争以“良性”二字为前提。良性竞争的基本原则是公平和公正，力量的比拼、真实实力的较量才是决定谁能最后胜出的重要因素。

在任何场合、任何时候，我们都崇尚良性而充满善意的积极竞争，同事之间、对手之间的竞争应该在一个公平的环境中有序进行。竞争的至高境界是和谐，而不是损耗式的“互燃”。只有这样，才能真正赢得对方的尊重，才能促进相互之间的学习。

只有凭借真本事，依靠正当方法赢得竞争才具有说服力。真正的和谐之道就在于竞争与礼让的平衡，有礼让才会有良性竞争。

在竞争中合作，实现双赢

竞争并不排斥合作，竞争对手之间同样可以在不损害各自竞争优势的前提下，结成战略联盟。通过合作，双方不仅可以共同分担产品开发的成本与风险，获取规模经济效益，还能共享资源与人才。这样，企业就可以更快地向市场推出具有竞争力的产品，或与更强的竞争对手抗争。

马云曾表示自己向来不害怕竞争并且喜欢挑战强者，但这并不表示他不会与对手合作。

在当年淘宝与 eBay 在中国市场的竞争激战正酣时，却传来了雅虎和 eBay 双方建立为期数年的战略合作伙伴关系的消息。当时雅虎以 10 亿美元持有阿里巴巴 40%的股份，雅虎中国已经被阿里巴巴完全控制，所以很多人认为淘宝网将会在与 eBay 的竞争中由于雅虎的介入而受影响。

但是，马云表示两者的合作不会影响到淘宝的发展。雅虎在阿里巴巴不过是个投资者，决策还是由阿里巴巴来做，而雅虎中国已经是一个独立的法人实体，与美国雅虎的合作不会影响到中国的业务。

更令人意想不到的是，马云参与促成了雅虎与 eBay 的合作，在双方的合作中扮演了牵线搭桥的角色。对此，马云有自己的看法：在竞争中有合作是未来互联网市场的发展趋势。他说："我希望能够在美国出现这样的先例后，中国市场也能够随即引进这种形式。未来不排除阿里巴巴与竞争对手的合作，淘宝与 eBay，淘宝与百度，淘宝与谷歌，都存在这种可能性。"

无意义甚至恶意的竞争只能造成两败俱伤的结果，但合理的合作却会创造双赢的局面。在博弈论中有一个"零和游戏定律"，是指一项游戏中，游戏者有输有赢，一方所赢正是另一方所输，游戏的总成绩永远为零。现在“零和游戏”的观念正逐渐被“双赢”观念所取代。人们开始认识到“利己”不应该建立在“损人”的基础上，通过有效合作，皆大欢喜的结局是可能出现的。从零和游戏走向双赢，要求各方要有真诚合作的精神和勇气，不要耍小聪明，不要总想占别人的小便宜，要遵守游戏规则，否则双赢的局面就不可能出现，最终吃亏的还是自己。

社会学家戴维将双赢比作是一顿各取所需的自助餐。他认为双赢是一种人人都是胜利者的想法，是一种既宽容又坚忍不拔的想法。双赢就是海阔天空，存在着许多成功的机会。这并不是你的成功或是我的成功，而是我们两人的成功。谁得到的好处多一点并不重要，这好比是一顿各取所需的自助餐，人人都有份。

双赢的精髓是人与人之间存在着合作的潜力，合作将会取得远大于个人凭一己之力创造的成就。对于职场人士来讲，双赢的本质是有感染力的。如果你在工作中是一个心胸开阔、乐于帮助别人、愿意与他人分享荣誉的人的话，那么你就不愁没有朋友。如果你的周围充满了对你的成功感兴趣而又希望你成功的人，你在工作中就会充满与别人合作的热情。这对你的工作业绩提高很有帮助。大多数人习惯以输或赢来判断自己的处境，“赢”便是代表其他所有人都输。但是“赢”的真正意义是实现目标，若用合作代替竞争，在有效的时间或较短的时间里可以实现更多的目标，甚至会有意想不到的收获。

进攻者，永远都有机会

竞争就是要创造或抢占先机，“先入为主”是一条绝佳的方法。要保持第一，就必须时刻否定自己、超越自己。

马云是先发制人、抢占先机的高手。他说过：“进攻者，永远都有机会。”他是这样说的，也是这样做的。自阿里巴巴创立以来，马云用先发制人的战术打了一场又一场精彩的竞争战。为了阻击 eBay，他率先秘密制造了淘宝；收购雅虎中国后为了应对谷歌的挑战，他选择了“阿雅联盟”。

与其让别人来打倒你，不如首先打倒自己，不断推出新的产品，这样才能在市场上立于不败之地。进攻是最好的防守，当竞争不可避免，那么就坚守这一原则：与其被动防守，不如积极进攻。

在经济管理理论中有一个“达维多定律”，是以英特尔公司副总裁威廉·达维多的名字命名的。达维多认为，在网络经济中，进入市场的第一代产品能够自动获得50%的市场份额，因此，一家企业要想在市场中总是占据主导地位，那么它就要做到永远第一个开发出新一代产品。作为第二或第三家将新产品打入市场的公司，其市场占有率绝对不如第一家，尽管第一代的产品那时还并不完美。达维多还认为，任何企业在本产业中必须第一个淘汰自己的产品，即要尽快使自己的产品更新换代，而不要让激烈的竞争把自己的产品淘汰掉。这实际上是在互联网时代的一个必然结果。

达维多定律的基点是着眼于市场开发和利益分割的成效。人们在市场竞争中无时无刻不在抢占先机，因为只有先进入市场，才能更容易获得较大的份额和高额的利润。先发制人超越自己，这一点不论对于企业竞争还是职场竞争来说都同样有效。

在竞争中，创新是击败对手的最好武器。没有创新，一个人或企业就失去了长远发展的动力源泉。张瑞敏指出：“其实当你的成果受到市场欢迎的时候，就说明很快要被别人超越了，而且别人怎样超越你，你永远也不会知道。既然如此，从成果出来的那一天起，你就只有自己否定自己，再开发一个更新更好的产品，永远战战兢兢，如履薄冰。我们的‘小小神童’出来后马上有人模仿，我们也打官司，但太耗费精力了。所以我们很快推出第二代，不等你学第二代，又推出第三代，现在已开发到第 12 代‘小小神童’，没有这 12 代的不断超越，怎么可能有小小神童洗衣机的上百万销量？而且如果被动地打官司，不一定能打赢，打赢了也不一定能执行。”

企业和个人要想在竞争中立于不败，懂得先发制人是关键因素，而先发制人的关键就是不断超越自我，推陈出新。

既做到知己，也做到知彼

《孙子·谋攻篇》中说："知己知彼，百战不殆；不知彼而知己，一胜一负；不知彼，不知己，每战必殆。"此话用在商业竞争中亦是同样，只有知己知彼，才能提高在竞争中取胜的概率。

马云深知"知己知彼"在竞争中的作用，淘宝网在与eBay的竞争中最后胜出的很重要原因就在于对对手的了解。马云对此评价道："我们与竞争对手最大的区别就是我们知道他们要做什么，而他们不知道我们想做什么。"

在淘宝与eBay之间的战争尚未正式打响之前，马云就长时间关注着eBay的一举一动。马云回忆说："eBay公司所有的高层资料我们都会详细分析，他们在世界各地的各种打法，他们擅长的各种管理手段和应招特点，我们都会仔细研究。因为eBay是上市公司而阿里巴巴不是，惠特曼对淘宝的了解尚不及他对eBay的了解。"

马云不仅做到了知彼，也做到了知己。在与eBay的竞争中，他正视eBay的强大，也清醒地认识到淘宝的优势所在，对此他有一个形象的比喻："eBay是大海里的鲨鱼，淘宝则是长江里的鳄鱼，鳄鱼在大海里与鲨鱼搏斗，结果可想而知，我们要把鲨鱼引到长江里来。和海里的鲨鱼打，进了大海我们一定会死，但是在长江里打我们不一定会输。"

知己知彼，如今回想淘宝的最终胜利就不会让人感到意外了。

知己知彼是竞争中走向胜利的第一步，在激烈的商业竞争中获得胜利的关键就是客观地、恰如其分地评估自己和对手的实力，从而采取有效的行动策略。

走好知己知彼这第一步，要做到以下几个方面：

第一，认识自己，认清自己的优势有哪些，劣势是什么。优劣势是在竞争中不断变化和发展的，因而只有在竞争的具体过程中才能认识。德国伟大诗人歌德在谈到怎样认识自己时说：“假如你真正有某一方面的才能，你就会对它有天生的特殊的敏感，不要多少指导，就有一种动力或自然倾向。”值得注意的是，“知己”并不是一次就可以完成的，而是需要在竞争过程中不断认识、不断调节才能达到。

第二，要做到“知彼”，弄清“彼”的外延。如果连竞争对手是谁都不甚了解或了解不全面的话，就很难制订有效的竞争策略。说到竞争对手，有的人往往只看到同自己面对面直接进行交锋和角逐的竞争者。事实上，竞争对手（即“彼”）可以分为两类：一类是明显的对手也可称为显对手，这类对手在自己面前已经暴露无遗，一般不难防范；另一类是潜在的或暗藏的对手，这类对手往往难以被人察觉或容易被忽略。“明枪易躲，暗箭难防”，潜在的对手是最危险的敌人。此种对手在竞争中采取的策略一般是坐山观虎斗，待两败俱伤，然后从中得利；二是养精蓄锐，一旦时机成熟就突然出击，使对手措手不及，防不胜防。因此，竞争者知“彼”的主要目标应该是弄清潜在对手，做好准备，随时准备对潜在对手的突然袭击进行反击。

第三，“知己知彼”后，竞争者就可以根据不同的对手制订相应的应对措施，以己之长克人之短。一般来讲，在“知己知彼”的情况下，有效的竞争策略可以采取进攻和防守两种方法。这通常包含如下三种技巧：

1.使自己处于适当的位置，以便与现有的各种竞争力量抗衡时发挥最佳的防御作用。这种技巧是在假定竞争结构已基本稳定的前提下，自己或者建立起一种防御各方面竞争力量的地位，或者选择各方中竞争力量最薄弱的环节进行各个击破，以保持自己的优势地位。

2.打破各种竞争力量之间的平衡关系，以此来保持自己所处的相对位置。如果竞争力量之间保持着平衡，就很难显示出自己的优势地位，从而很难夺得竞争目标。打破了现有竞争力量之间的平衡，就可以影响或改变竞争力量的发展进程和力量对比，自己就可以从忙于应付各方竞争力量的防御状态转入进攻的状态，变防御为出击，变被动为主动。

3.善于充分利用竞争各方力量的变化。随着竞争的进行，各种竞争力量之间会发生量和质的变化。竞争者应当敏锐地预见到这种变化，并在其他对手还未意识到这种变化之前，采取与即将出现的竞争格局相适应的对策。这样，就可以在新的竞争环境中处于有利地位，既可进攻，也可防守。

总之，“知己知彼”是夺取竞争胜利的基本前提，也是制订有效竞争策略的基本依据。有了这个前提和依据之后，善于巧妙地交叉使用上述三种技巧，竞争者就可以游刃有余地采取进攻和防守两种基本策略，为获得竞争的胜利创造条件。

思路对了，天下没有难做的生意

电子商务只是一条摆渡的船

马云在云栖大会上表示：从2017年起，阿里将不再提“电子商务”，因为电子商务只是一条“摆渡的船”。未来10年、20年只有“新零售”。纯电商时代会很快结束，必须打造新零售，让线上、线下与物流结合，将物流公司从“比谁做得更快”向“消灭库存，让企业库存降到零”转变。

曾有人问马云，阿里巴巴最大的对手是谁？虽然现在沃尔玛不再是一个奇迹，但当时沃尔玛带来了B2C，所以当时马云不假思索地回答：沃尔玛。

这个答案颇让人疑惑：沃尔玛是做零售的，阿里巴巴是做电子商务的，两者风马牛不相及，怎么会成为竞争对手呢？

其实阿里巴巴做的事情确与沃尔玛有相似之处，马云创造的“电子商务+零售”的新商业模式，已经有点“网上沃尔玛”的意思。

沃尔玛是世界零售巨头，它创造了一个从小镇走向世界的神话，其成功的最主要原因是严格控制供应链每一环节的成本。麦肯锡全球管理咨询公司认为，沃尔玛也和一些贸易型公司交易，但更多的是和生产厂家直接交易。沃尔玛选择全部自己去做，采购成本、管理成本、交易成本其实都非常高，但是传统供应链的低效率和多级加价足以支撑起沃尔玛的利润空间。

海尔集团CEO张瑞敏曾经为海尔产品进入沃尔玛等超级零售终端的采购体系而欣喜，却又因为沃尔玛借终端力量对上游供应商利润的榨取而担忧。对此，马云有自己的对策：沃尔玛的采购与销售链条其实完全可以放在网上，阿里巴巴涉足产业链恰恰是要提高传统供应链的效率，还利润于原始厂商，减少沃尔玛等零售商对厂商的压榨。

沃尔玛通过整合整条供应链，向下游消费者提供具体的有形产品服务。对整条供应链的有效管理使得沃尔玛有更大的主控权，这样形成的经济体也更有竞争力。现在B2B、B2C、C2C三种形态趋向合并，如果沃尔玛进军中国的B2C电子商务领域，马云将不得不面对这个全球化的商业巨兽。马云果断判断出沃尔玛的业务迟早会搬到网上，所以两者的竞争是不可避免的。

因而，马云决定提前备战。他为阿里巴巴勾勒出这样的未来：以阿里巴巴为平台，逐步将中小企业的销售中心、人事中心、技术中心、支付中心和财务中心都放在上面，其间阻挡在B2B、B2C及C2C之间的一切障碍都将被打通。那时，阿里巴巴将成为一个虚拟的商务王国，其中有自己的货币、自己的游戏规则、自己的运作体系。

在电子商务行业，大家普遍认为B2C领域处处是黄金，亚马逊当年上市时的空前盛况就能说明一切。短短两年内，亚马逊的股价从17美元一路飙升到140多美元。经过了这么多年，B2C在整个电子商务市场却只占了不到1%的份额，而后起步的C2C模式达到了市场份额的2%。

因此，马云对传统的B2C并不看好。他说：即使美国有那么好的配送和物流基础，亚马逊也只有5%的利润。在中国，B2C市场已经很成熟，但是亚马逊、当当还是活得很辛苦，说明这个模式有问题。马云开始通过淘宝网来探索新的B2C模式，实现他的“网上沃尔玛”之梦。

从2005年开始，马云尝试将阿里巴巴的买家和卖家引到淘宝，鼓励淘宝网的卖家去阿里巴巴进货，再把产品销售给下游的消费者，希望通过这种形式打通B2B和C2C的界限。

在这样的构想之下，淘宝网于2006年5月10日推出“淘宝商城”这一B2C交易平台。它成为大品牌商家的乐园，这些被招揽的品牌都是在线拍卖网站最畅销商品门类中的超级品牌。这不仅解决了淘宝网赢利模式的问题，更是马云打通B2B、B2C和C2C的一个绝妙战略布局。

实际上，淘宝算得上是一个依托互联网生存的零售组织型企业，它在供应方与需求方之间提供了一个以契约制为基础的第三方平台。淘宝承接的是买卖双方的组织任务，要制定基本的规则，调控双方关系以求达到平衡。淘宝一直试图通过不断修订规则来使买卖双方利益获得最佳的平衡。

过去以亚马逊为代表的传统B2C模式需投入巨资建立仓储、配送中心，中间成本极大，利润仅可维持在5%左右，而融合了B2B及C2C模式的淘宝B2C新模式则不存在物流、配送、支付等瓶颈。

传统B2C的赢利模式在于压低生产厂商的价格，进而在采购价与销售价之间赚取差价。在中国电子商务的近10年经验里，以往的B2C模式鲜有成效，而淘宝的B2C新模式将帮助厂商直接充当卖方角色，把厂商直接推到与消费者面对面的台前，让厂商获得更多的利润，进而将更多的资金投入技术和产品创新，最终使广大的消费者获益。淘宝全新的B2C模式的目的就是帮助厂商赚钱，帮助消费者省钱，最大限度压缩中间环节成本，最终达到厂商和消费者共同受益的目的。

到2006年，包括摩托罗拉、阿迪达斯、苹果等在内的厂商都在淘宝网上开设了专门的网上店铺，而华硕电脑、迪士尼家电、马克华菲等厂商还专门为淘宝网的B2C平台推出了定制产品。

淘宝更像个网上商圈，在这里面，任何零售业态都有。阿里巴巴上的生产厂家通过在淘宝开店，能与消费者直接沟通，运用阿里巴巴的管理软件更为方便地把握市场需求，可以做到及时调整库存，这点与沃尔玛已经十分相似。马云要做的就是嫁接，把传统的零售经验跟以前的电子商务经验融合在一起，然后生成新的模式。到时，他就可以骄傲地说："沃尔玛有的我都有，沃尔玛没有的我也有。"

2006年年底，淘宝网注册用户超过3000万，人均网购消费563元，交易总额突破169亿元人民币，超过易初莲花100亿元、沃尔玛99.3亿元的全年在华营业额，是国内零售业巨头北京王府井百货集团全年销售额的2.6倍。

马云通过改进完善淘宝网所带来的巨大影响远超过他所获得的收益，这是他在战略上的一个巨大胜利。他通过电子商务将零售业做得像沃尔玛一样完美，又一次印证了"天下没有难做的生意"这一理念。

选择正确的商业模式很重要

商业模式是企业的立命之本，非常重要。任何一个企业和商业项目创立之初，最需要费工夫琢磨和研究的，就是商业模式。

麦当劳餐厅是全球性的大型连锁快餐集团，在世界上大约拥有3万家分店，主要售卖汉堡包、薯条、炸鸡、汽水。在麦当劳，你看不到很多不同的产品，也看不到很多促销活动，但是它打败了全世界的竞争者，依靠的正是强大的品牌赢利模式！

当戴尔还在大学里读书的时候，IBM已经是蓝色巨人，但后来戴尔电脑连续11年领跑全世界，它既没有突出的硬件技术，也没有庞大的研发能力，戴尔是凭什么才能不断发展而且持续赢利的？依靠的就是独特的全价值管理赢利模式！

一个企业如何实现可持续赢利？这是伴随着企业经济活动的一个永恒主题。企业管理者要想在挤满竞争者的荆棘丛中找到一条通幽的捷径，就必须考虑如何维系长期生存与赢利的能力。

马云在《赢在中国》中有以下一些点评：

看得清的模式不一定是最好的模式，看不出你怎么赚钱的模式说不定最好。因为我看见了这个东西，我太想做一样的东西。

很多年轻人是晚上想想千条路，早上起来走原路。中国人的创业，关键不是因为你有出色的想法、理想、梦想，而是你是不是愿意为此付出一切代价，全力以赴去做它，证明它是对的。

我认为好的东西往往是说不清楚的，说得清楚的往往不是好东西。成功的模式很难被复制，能被复制的都不是好东西，背后的汗水，背后的艰辛，背后的委屈，背后不断寻找这条路的精神是永远无法被复制的。一旦形成模式，这家企业基本上也就看到头了。

其实，最好最成功的往往是最简单的，要把简单的东西做好也不容易。阿里巴巴要像阿甘一样简单。

在这里，马云所倡导的就是商业模式的创新性。正是商业模式的不断推陈出新，造就了阿里巴巴一步一个脚印的发展。

企业管理者都非常重视盈利。在现实的市场上，到处充斥着价格战、促销战、人海战、广告战、模仿战等，这些因素往往会造成销量增加利润下降、新产品赢利周期越来越短、费用加大、现金流越绷越紧、亏损面不断加大等问题。面对这种状况，一家企业如果没有自己独特的商业模式，就不可能在市场上站稳脚跟。

选择正确的商业模式，对企业的发展来说异常重要。但是，并非任何商业模式都对企业的发展具有促进作用，今天这个模式有用，并不代表着明天继续有用，企业管理者在为企业定位商业模式时，要秉持不断创新的原则。

正如马云所说："今天阿里巴巴的模式不是我们未来的模式，不跟别人探讨模式，并不意味着我们没有模式，等我们跟你探讨模式的时候，我们这个模式已经成为昨天的事情。"

企业商业模式的设计就是围绕着如何使企业形成核心竞争能力来展开的。具有独特的、拥有核心竞争力的商业模式，肯定是一个能使客户实现价值、使企业赢利的商业模式，也一定是能使企业走向成功的商业模式。

悄悄进村，迅速抢占市场

阿里巴巴刚开始的6年，用马云的话说就是"悄悄进村，迅速抢占市场"。从B2B到C2C，从阿里巴巴到淘宝网，再到支付宝，马云做了太多外界认为不可能的事情。但他一件一件地做了下来，而且做一个活一个。在人们都认为中国的环境还不成熟的时候，马云却说"不能等到环境好了再去做，因为好了以后就轮不到你了"。

2001年、2002年，在互联网行业最灰暗的时候，马云在公司里讲得最多的词就是"活着"。如果其他互联网公司都死了，只要自己还活着，就还有机会。等到互联网春暖花开、各公司纷纷排队赴海外上市时，马云拿着8200万美元的风险投资时却说：没必要过早上市，把自己暴露在对手的眼皮底下。

2003年年初，马云准备进军个人网上电子商务领域，淘宝网项目从一开始就处于极其保密的状态。内部所有愿意参与该项目的员工，先要签一份保密协议，承诺在6个月内不能向其他任何人透露自己参与的项目，包括朋友、家人、同事甚至上级。

2003年5月10日，淘宝网正式运营。直到2003年7月7日，马云才在杭州正式宣布投资1个亿，要把淘宝网打造成中国最大的个人网上交易平台。项目的保密工作做得如此之好，以至于绝大多数员工直到宣布后才知道淘宝幕后的故事，而那时淘宝网已经诞生快两个月了。

马云口才出众，他在演讲的时候也采用虚实结合的方式，有意无意地迷惑对手，故意示弱，以达到后发制人的目的。

2004年年底，马云在参加“2004CCTV中国经济年度人物”评选前就对媒体说，他很佩服eBay易趣和邵亦波，甚至把淘宝比成三轮车，而eBay是装甲车，无论是管理、资本、人才还是对未来电子商务的理解，eBay一定比淘宝强。马云在恭维对手的同时，也谦虚地表示对中国市场和对中国人的把握，淘宝还是有优势的。

马云的话，有放烟幕弹的嫌疑，他是在故意向对手示弱。示弱也是一种经营策略，需要智慧和技巧。现实生活中，这种策略往往被许多人忽略，很多人和企业都喜欢逞强而不甘示弱。在强手如林的社会竞争中，人们常因为忽略了示弱，赢得了面子输掉了里子，因逞一时之勇而惨败的事例不胜枚举。

2005年，马云又说，几年前，大家认为阿里巴巴的模式不对，2004年才有人说阿里巴巴的模式比较好，他本人也不知道阿里巴巴是什么模式，但他觉得，只要客户赚钱，阿里巴巴就一定能赚钱。

对于此后众多企业纷纷涌进B2B市场进行投资的行为，马云甚至坦言“实在想不通”。在2005年阿里巴巴上海网商论坛上马云说：“现在阿里巴巴的B2B还没有真正成形，现在赚的钱根本不是钱。”他告诉那些投资者和投机者，当时的B2B只是市场的初级阶段，尽管阿里巴巴每天有100万的稳定收入。阿里巴巴做B2B做了这么多年，马云却认为到现在他还没有真正看懂B2B，他又放起了烟幕弹。马云的“想不通”和“看不懂”，并不能阻止人们对阿里巴巴的学习和模仿，因为环境已经预示着未来B2B的无限风光。

“明修栈道，暗度陈仓”的马云并没有失去“狂人”本性。对于首轮战胜eBay易趣，他不无挖苦地说：“淘宝能活下来，是因为对手臭棋出得太多。”美国华尔街一直认为，雅虎和eBay所向披靡，但他们在中国受到了阻截。当当、卓越拷贝别人的模式，易趣也是如此。当马云的淘宝网出现时，易趣才有了真正的成长，而淘宝的成长也得益于竞争对手的封杀。

一直讲究“悄悄进村”的马云，在雅虎中国的誓师大会上，重新恢复“狂妄”。他说自己的企业比百度更国际化，而且在技术长期发展的过程中，雅虎在技术上的投入是19亿美元，每年要投入10亿美元以上的研发经费。阿里巴巴在美国建了一个研发中心，它的技术可以马上使用，然后进行本土化改造。同时，阿里巴巴的现金流也是优势。

2005年，马云甚至放言将打败谷歌，而说这话的时候，谷歌在中国已经从“沉睡”到“入世”。马云在评价对手时为什么会有这么强烈的反差？从他说的一段话也许可以找到答案：“有竞争的市场才是比较好玩的市场。今天你扔一个爆竹，对方扔一个炸弹；明天你扔一个爆竹，对方以为是炸弹，虚惊一场；后天你扔一个炸弹，对方以为是爆竹，如果捡去玩，不死也是残废。人在江湖飘，哪有不挨刀。人在江湖跑，哪有不挨炸。”

因势利导，推出阿里软件

2007年，阿里巴巴推出“阿里软件”这一再造流程的大手笔。阿里软件的定位是：向中小企业提供信息管理、客户资源管理、市场营销管理、成本控制管理、资金信用管理、风险防范管理、物流配送管理等一系列解决方案。它也成为阿里巴巴集团继成立阿里巴巴、淘宝、支付宝及雅虎中国之后的第5家分公司。

在马云的公司蓝图中，B2B的阿里巴巴主要为中外企业贸易提供平台；淘宝网主要提供企业和个人对终端消费者的在线销售；雅虎中国主要为企业和用户提供低成本的在线营销；支付宝主要为企业和个人提供强大的网上支付体系；阿里软件主要帮助商人管理生意。在五大平台上，信息、信用、沟通、支付等各大体系互相支持、互相影响，非常完备，而且对这五大平台进行整合之后，又将催生出更多的新业务。

马云认为，随着阿里软件公司的成立，电子商务和软件配合的时机已经非常成熟。他强调，阿里巴巴必须进入企业内部的管理，只有这样，阿里巴巴才会在中小企业和全球电子商务领域中立于不败之地。

对于进军软件业，马云其实已等待很久，成立阿里软件公司他也筹划了5年。当时有人跟他说做电子商务要走美国模式，要先做企业管理软件再做网上交易，但阿里巴巴正好相反。因此不断有人说要收购阿里巴巴，认为它一定会倒闭。这件事对马云的刺激很大。

关于阿里巴巴涉足软件业的原因，阿里软件总经理王涛从另一方面进行了说明：当电子商务领域要建立诚信体系时，阿里巴巴就开始推出“诚信通”服务；要有交易市场，他们就建立了阿里巴巴和淘宝网；要能安全支付，他们就推出了支付宝；要能方便地找到信息，他们就收购了雅虎中国；如今做软件，则是因为市场有这个缺口，很多中小企业需要软件来管理自己越做越大的生意。

阿里软件的定位是电子商务和企业管理结合的软件服务领域。马云相信“阿里软件3年后将成为中国最出色的软件公司”，这很符合他“让天下没有难做的生意”这一理念。与传统管理软件的企业相比，阿里软件的最大竞争力是拥有1800万注册企业会员和阵容庞大的淘宝个人卖家。

阿里巴巴网和淘宝网在2007年4月推出阿里软件系列免费试用版，这套软件包括内贸版、外贸版和网店版。阿里软件的目标是把电子商务延伸到中小企业内部，提供电子商务营销、客户管理、进销存与财务管理、供应链管理等软件工具。从中小企业的角度看，实际上是把本来由企业完成的部分管理与营销功能外包给阿里巴巴。用户们的反馈是认为它根本就不是一个软件，而是一个虚拟的职业经理人。

中小企业具有巨大的发展潜力，中国市场又对中小企业不够重视，因此，马云将阿里软件的切入点定位为中小企业。

中国至少有2000万家企业在进行电子商务业务，而使用管理软件的企业只占了20%。原因很简单，现有的管理软件操作复杂、成本较高，很难在中小企业中进一步普及应用。据信息产业部统计，我国中小企业信息化率还不到10%，市场发展潜力巨大。因而，制作一种低门槛的软件就成了关键，这也是阿里软件诞生的原因。

阿里巴巴学院总监张璞说，任何人都可以像登录邮箱一样进入自己的企业数据库，所有的企业信息化功能都可以轻而易举地实现。阿里软件的使命是“让天下没有难管的生意”。

考虑到安全的因素，阿里软件采取了SAAS(在线软件服务)模式。因为是在不用安装客户端软件的情况下就可以使用软件，并能够帮助客户安全保存数据，因此可以防止病毒攻击，非常安全。这个模式在国内还没有成熟应用的产品，阿里软件推出正式商业化的SAAS模式的软件产品，成为软件行业第一家吃螃蟹的公司。

马云说：世界在逐渐变平。这意味着有更多平等的机会，大象和蚂蚁共舞，小虾米也可以和大鱼一起逐食，但同时也意味着竞争将更加残酷。变化是应对充分竞争的利器，在一个日趋扁平的世界里，如果墨守成规，唯一的结局就是死亡。

阿里软件所做的事情是值得充分肯定的，它为企业管理提供了更为科学、先进、便捷的方法和手段。马云认为电子商务必须跟软件配合才能走向下一步，阿里巴巴必须进入中小企业的内部管理。在一个快鱼吃慢鱼的年代，企业必须加强信息管理，这样才能提高竞争力。

有数据显示，电子商务网站为中国直接创造的就业机会达110多万个，而其他第三方行业还会带来上千万人的就业机会。作为电子商务行业的领头羊，阿里巴巴的前景也颇被看好。作为新一代企业的代表，阿里巴巴最大的成就是拉动了整整一个企业阶层的发展和成熟，并使之参与到世界经济新一轮的增长中，这是阿里超越其他互联网企业和传统企业的价值所在。

马云审时度势，因势利导，推出了阿里软件。虽然该软件面世的时间相对比较晚，但是作用非常明显。阿里软件将帮助中小企业解决管理问题，真正实现“让天下没有难管的生意”。阿里软件的出现，让马云的“阿里王国”逐渐成形。

敢于差异化，拥有别人没有的

不明觉厉时，关注战略即可

工程师靠技术吃天下，比尔·盖茨的技术比下面的工程师水平高？不可能。泰森拳头硬还是教练拳头硬？估计泰森一拳教练就飘出去了。乔丹的教练连球都不会打。管理学告诉我们要进行差异化的竞争，你要拥有其他人没有的。

马云原本是英语老师，他在技术上的能力，远不如自己的手下。就技术层面上说，马云是个十足的外行。但在马云看来，“外行是可以领导内行的，关键是去尊重内行”，马云认为领导本身就不是搞具体技术和战术攻关的，只要关注战略即可。

马云是一个聪明的人，他创立的阿里巴巴、蚂蚁金服也被选入“2017年全球50大最聪明公司”的榜单之中。在技术细节上，马云从来不跟工程师争论，也从来不去吵架。这是因为马云在技术上有先天劣势。在工程师面前，马云和客户的地位类似。马云对自己的工程师解释说：“很重要的一个原因是没法吵架，他跟我说什么系统、软件，我搞不懂，但是有一项东西必须搞懂，那就是按照客户的需求去做。我代表着中国80%的不懂电脑的人，客户的需求就是我的需求。很多工程师说，你不能这么想，你怎么这样看问题。我说没办法，80%的人都跟我一样，你把它做出来，我告诉你要去哪里。”

有的时候，双方会出现一些意外的矛盾。这些时候，马云有自己的解决之道。

第一，马云强调换位思考，重视双方理解和尊重的意义，在手段上注重技巧性。他推崇美国前国务卿鲍威尔的做法。鲍威尔曾说，假设向你报告的人不按你所说的去做怎么办？第一，retrain him(重新培训)；第二，remove him(调离)；第三，fire him(开除)。在马云看来："你不这么做的话，其他人会觉得泄气，心想我们干得累死，不干活的什么事没有。这样你的东西就会执行不下去。"

马云认为，领导永远不能跟下属比技能，下面的人肯定比领导有技能："如果下面的人不比你强，说明你请错人了。但你要跟他比眼光，要比他看得远；读万卷书不如行万里路，眼光的高度要在领导的水平线上。"

第二，马云强调领导者要有宽容的心态，要有胸怀。"男人的胸怀是冤枉撑大的。你对你的部下、员工、团队要包容；合作不是一天两天的事，如果你是对的，永远有机会去证明。"注重合作妥协，是马云的一大特色。

第三，马云认为领导者要有抗压的实力。"你抗击失败的能力比他强。一块砖头掉下来，别人挨一下就倒了；你挨了一下，一点反应都没有。这就是优秀领导的条件。一个优秀的领导人的素质就是眼光、胸怀和实力。"事实上，马云本身在抵抗挫折、忍受各种压力方面的确有过人之处。并不是每个人都能有那么多次经受挫折的奇怪经历的。

眼光有多远、胸怀有多大，你就能做多大的事。胡雪岩讲过：生意越来越难做，越难做越是机会。关键是眼光看多远，眼光看一个城市，你只能做一个城市；眼光看到全国，你就能做全国；眼光看到海外，你可以去海外发展。

只有当一个人有眼光、有胸怀、有实力的时候，这个人才能在通向成功的道路上无往不胜。

一个人要做到有眼光，就得坚持"读万卷书，行万里路"，要不断为自己的知识进行投资，如果你总是把自己局限在一个很小的环境中，你的眼界就高不起来，如果你能够在更广阔的世界里开拓自己的见识，那么你就能够真正具备一种宏观的视野，能够真正在更高的层次上开创自己的事业。

一个人的眼光是靠双脚走出来的，而一个人的胸怀是委屈撑大的。胸怀的宽广，对于一个人的成功来说十分重要，如果一个人有眼光却没胸怀的话就不能成就大事。

当然，一个人立足于世，还是靠实力。所谓实力就是能够左右自己命运的力量。实力是精神力量与物质力量的结合体，我们生活中所做的努力无不是为了提高自己的实力。实力的积累是一个渐进的过程，关键是要有明确的人生目标和持之以恒的心灵力量。实力是在失败的基础之上积累而成的。每一次失败都为你的实力提升添加一块砖瓦。

眼光、胸怀与实力，对于一个人来说不论身处何时何地都应该以此为人生追求，这样你才会在事业与生活中一路向前，达到梦想的彼岸。

失去“第一”，将失去存在的意义

2016年，马云说：新零售、新制造、新金融、新技术、新能源，这5个“新”将会方方面面地对各行各业发动巨大的冲击和影响，把握者胜，逆流者将会亡。

马云是一个高瞻远瞩，而且不按常理出牌的人。他做企业，一开始是不被人理解的，因为他没有按常理去竞争国内市场，而是将眼光直接放到了国际市场，直接参与国际竞争。用他的话说就是“避免国内甲A联赛，直接进入世界杯”。

刚创立公司的时候，马云就将公司定位为全球化的企业，因而名字也应该是响亮的、国际化的。为了注册一个好的名字，马云思索了很久。直到一次在美国一家餐厅吃饭时，他突发奇想，找来了餐厅服务员，问他是否知道“阿里巴巴”这个名字。服务员回答说知道，并且还跟马云说阿里巴巴打开宝藏的咒语是“芝麻开门”。

之后，马云又在各地反复地询问他人，他发现阿里巴巴的故事被全世界的人所熟知，并且不论语种，发音也近乎一致。他开玩笑说从外婆到孙子，都读阿里巴巴。就这样，马云将公司的名字确定为“阿里巴巴”。阿里巴巴从一开始就不仅仅是为了赚钱，而是为了创建一家全球化的、可以做102年的优秀大企业。

1999年，马云参加完亚洲电子商务大会后意识到一个巨大的机会即将出现。当他决定建立阿里巴巴网站的时候，他明白这个机会的价值链是双头并举的：一头是海外买家，一头是中国供应商。但在当时，中国的工厂还未成气候，商业模式中所有成功的关键因素都集中在海外。

马云说，当时甚至不敢说自己是中国公司，因为当时大家都认为中国不可能有好的互联网公司。同时，像沃尔玛、家乐福这样的超级买家都在西方，互联网的核心技术和核心企业都在西方，能向互联网投资的主流资金也都在西方，所以马云决定利用一切可以找到的机会，首先搞定国外市场。

要实现这个目标，马云心目中的阿里巴巴网站必须是全球性的，只做国内只会将阿里巴巴变成没有买家的卖家。他认为阿里巴巴必须迅速覆盖全球，否则失去“第一”，也将失去存在的意义。

马云认为他的企业是帮助中国企业出口，中国产品的买家肯定是海外的企业。至于如何让这些企业成为买家，他有个形象的比喻：办一个市场就像办一个舞会，舞会里面有男孩子、女孩子，如果要把他们都请进来很难。马云的策略是先把女孩子请进来，再把优秀的男孩子请进来，这样市场就会变得越来越大。

在国内互联网轰轰烈烈的年代，阿里巴巴已经在国外宣传造势。马云表示，1999年、2000年阿里巴巴的战略很明确，即迅速实现全球化，成为全球性的电子商务企业，打开国际电子商务市场，培育中国国内的电子商务市场。

阿里巴巴在国外的名气比在国内大，这与1999—2001年间的全面战略有关，阿里巴巴迅速打进了海外市场。很多企业认为自己实现全球化了，但是全球化并非请几个外国员工或者在海外建厂这么简单，阿里巴巴在全球化的战略上做过很多事。1999—2001年，阿里巴巴的基本活动是在欧洲和美国，马云在欧洲和美国做了很多演讲。马云记得最惨的一次演讲是2000年在德国组织的一次演讲，场内有1500个座位结果只来了3个人，他觉得很丢脸。但没有办法，他还是得演讲下去，那时候阿里巴巴的推广工作很难做。作为一个国际网站，阿里巴巴的主要目的是帮助中国企业实现出口，因此必须在海外寻找买家。要做到这一点，就必须让外国人先了解阿里巴巴。

马云将阿里巴巴总部定在了中国香港，因为他希望办一个由中国人创办、让全世界骄傲的公司。阿里巴巴同时还在美国设了研究基地，在伦敦设了分公司，然后在杭州建立了在大陆的基地。

马云朝着既定的方向往前走，不管外界怎么变化，还是不受干扰，走自己的路，用心去做。从企业初创开始他就放眼全球，直接参与国际竞争，制定了企业的发展战略并逐步完善，一直在圆他的电子商务帝国梦。

倒立思维，从下往上看世界

倒立，是阿里巴巴旗下的淘宝公司特有的一种文化，更是一种被具体化了的价值观。关于它的起源，马云是这样说的："在SARS病毒暴发的高峰时段，大家都被隔离了。但是在那80天里，我们的业务从来没有停止过。没有人知道我们被隔离，我们都在家里工作。我们知道健康的重要性。但是在自己的公寓没法进行锻炼，所以我们想到了'倒立'。倒立是一项可以不借助任何器械完成的健身运动。"

"非典"过后，日本影星荒木由美子到阿里巴巴来访问，她是马云年少时代的偶像，马云和阿里巴巴员工决定采取倒立的形式迎接。荒木由美子曾是日本电视连续剧《排球女将》小鹿纯子的扮演者，这一部曾经激励过无数日本青少年奋发向上的《排球女将》，也影响了中国在20世纪70年代出生的孩子。《排球女将》走红的那几年，在中国大江南北都可以看到孩子们在墙脚排成一排练倒立。

那之后，倒立也只不过是阿里巴巴公司从上到下的一种娱乐方式。直到马云下了死命令，“每一个人，不论男女都必须学会”后才引起重视。他主要是有以下几个方面的考虑：首先是坚持倒立有助于身体健康；其次是一个人做不到，在有人帮助的情况下，就一定能做到，这就是团队合作；再次，在平时，很少会有人意识到那些看起来强大的事物如果倒过来看的话，就没有那么强大了。

马云说：“淘宝的理念是：首先，要健康；其次，要换一种角度看 eBay，它看起来很强大，但是如果倒过来看，eBay 一点儿也不重要，我们可以这样做，也可以那样做。所以这就是我们用不同的方式，用我们的方式看世界的结果。这是‘倒立’的意义。”

倒立的方式使得马云的做事方式在别人看来很“狂”，但他本人却不以为然。他一直把世界上最强的行业领导者作为竞争对手，面对竞争对手 eBay在国际上的影响力，淘宝并没有感到任何压力，并在很短的时间内战胜了 eBay。这也是因为“倒立”使得竞争对手看起来不那么可怕。

马云曾说：中国的企业要记住，不要害怕国外企业，淘宝的整个案例给中国企业一个很大的启发，就是说中国企业完全可以挑战世界一流的企业。淘宝整个注册资本当时只有一点点，第一期投资 1 亿人民币，其对手 eBay 当时市值 700 亿美元。难怪投资者听说马云要跟 eBay 竞争，都以为他疯了。

中国电子商务市场一定比美国大。这是马云最坚信的一点，他调侃说：“中国有 13 亿人口，中国人搞 3 亿人上网大概 5 年时间。美国整个人口只有 2.5 亿—2.6 亿，要搞 3 亿人上网，现在开始生孩子的话，20 年以后还生不出 3 亿来。”因此他觉得电子商务是中国人的时代。

“倒立”也使得马云及其团队看问题的方式与众不同，阿里巴巴团队从诞生之日起就一直和世界上最强的竞争者交锋。eBay 在北美市场靠向卖家收费而受到投资商青睐，它从一开始就赢利，而且获利颇丰。马云却宣布淘宝免费，而且几年内都将免费。在中国，eBay刚一并购易趣，很快就推行收费政策，直奔赢利主题。马云却表示：因为中国的C2C消费市场非常不成熟，还需要培育，还要烧钱，已经准备用5年的资金来支持淘宝的免费政策。马云认为2005年前后的中国C2C市场还不是一个该不该收费的问题，重点在于完善信息流、资金流、物流的产业链。

eBay曾指出，免费不是一种商业模式。而马云并不这么认为。对于为什么要在如此长的时间内免费，马云认为，主要的目的是希望借此降低门槛，吸引更多用户，而收费将扼杀用户的积极性。

尽管宣称免费不是一种商业模式，迫于淘宝免费政策带来的压力，eBay易趣也不得不尝试免费。2005年12月20日，当eBay在中国推出免费开店的时候，马云认为两者客户数差距已超过20倍，eBay此时反击已经太晚，它已失去翻身的机会。

马云很自信地说："如果在1年半前，易趣采取免费策略的话，淘宝今天的日子就没有这么好了，但现在淘宝的气势起来了，易趣就没机会了，淘宝应该把易趣当作反面教材。"

经过两年的快速成长，淘宝已超越eBay易趣，成为我国最受欢迎的第一大C2C网站。在此后几年，淘宝一直坚持的免费策略依然符合中国C2C处于起步期的特殊国情，继续保持着竞争优势。模仿并不能击垮竞争对手，eBay易趣抛弃自己坚持收费的原则，却使用户无所适从，徘徊在收费与免费之间使eBay易趣进一步陷入被动。

之后的eBay易趣跟淘宝的距离变得越来越大，马云也转向关注淘宝如何更好地培育市场、建设好自己的品牌、做好自己的服务。当然，淘宝之所以完胜eBay易趣并不是仅靠免费这一策略，淘宝在技术层面上更加符合中国消费者的习惯，功能及服务更为人性化。而eBay易趣在竞争中的决策迟钝与应对失误，直接造成了淘宝的速胜。

马云并未惧怕对手，狭路相逢，敢于亮剑，这得益于他的"倒立"思维。

他在战略上藐视对手，战术上重视对手，使得新生的淘宝看清了中国的市场，而没有盲目模仿 eBay 这个行业巨头。

把不占优势的事情发挥出潜在的优势

我们在事业中常会遇到资源匮乏的问题，但只要我们肯动脑、会创新，激发脑中的无限创意，就一定能够将问题完满解决，让有限的资源产生无限的价值，把本来不占优势的事情发挥出潜在的优势。

马云认为，把一个本来不占优势的事情充分发挥出潜在的优势，是打破常规的真正精髓。他在青岛网商论坛上演讲时，很多人奇怪阿里巴巴怎么把总部设在杭州，而没有设在北京、广州。马云说："到今天为止我还是坚定不移地相信阿里巴巴总部设在杭州是没有错的。第一，任何公司都必须贴近自己的客户，客户在哪里你就要在哪里，如果今天阿里巴巴是做电子政务的话，我们就应该搬到北京去。做电子商务必须在离中小型企业最近的地方，也就是说浙江、江苏、广东一带，杭州很好。第二，北京的企业都相信国有大企业，假如我们在北京，阿里巴巴在那里相当于 500 个儿子中的一个，谁都不关心你。在上海他们只相信跨国公司，只要你是微软、IBM，他们像请佛一样请你，中国的本土公司没人理，我们本来准备把总公司放在上海，后来还是放在了杭州。最后我们突然发现杭州还是自己的家，杭州的几百万老百姓因为阿里巴巴回来而感到骄傲，我们杭州的出租车司机在帮我们做广告，杭州西湖上划船的人虽然不知道阿里巴巴是什么，但知道反正我们有一个公司是阿里巴巴。"

杭州相对于国际城市上海来说，无论是硬件还是软件，对于从事电子商务的阿里巴巴来讲都看似是一个不占优势的地方，马云却能在这种劣势中开发出优势，正体现了打破常规的精神与智慧。

我们在做任何事情的时候都有可能会遇到资源匮乏的问题，但只要我们肯动脑、会创新，激发脑中的无限创意，就一定能够将问题圆满解决。也许我们手里的资源不充足，但那又有什么关系呢？只要我们敢想、敢做，有创意在，就会有成功的一天。

1988年，在一年一度的全国科技进步奖评选中，联想汉卡只得了二等奖。这个结果让柳传志异常愤怒，他认为这是因为评审委员完全不了解汉卡价值的缘故，才会造成如此不公平的结果。联想汉卡本该拿到一等奖的，但由于专家们把联想汉卡理解为单一的计算机辅助产品，对于汉卡的巨大贡献没有充分的重视。

于是他派郭为去把一等奖追回来，并表示：除非委员会改变成命，否则他将拒绝接受这个二等奖。人人都认为他这是在虚张声势，只有郭为认真对待。郭为和李岚立即出马，虽然这两个充满激情的年轻人十分自信乐观，但两人很快就意识到柳传志是在命令他们做一件不可能的事情。因为评审的结果已经在《人民日报》上公布，变更谈何容易。

国家科技奖励办公室的负责人根本就不见他们，只派了手下工作人员传来一句话："我们还没干过把二等奖改成一等奖的事呢。"

不过，这个看似不可能的既定事实并不是完全不能改变的。虽然评审维权从未有过改变成命的先例，但他们还有5%的希望，那就是启动复议程序：由委员会里10位以上的专家联合署名提出申请，并且详细申明初审不当的理由。

当时的情况是，郭为和李岚都是初进公司的计算机外行，如果直接去游说专家的话，专家们有可能会觉得郭为他们是在走后门，起不到什么实质性的效果。

他们采取了迂回路线，把记者们分别请到宾馆里"聊天"，于是，在1988年的最后几个月里，报纸上登满了关于联想汉卡的报道，都说这东西如何神奇，如何成为一座桥梁把中国人引进计算机的殿堂。《希望》杂志说它"已经销往国内20多个省市"。《北京日报》说它"已经行销到世界10个国家和地区"。《科技开发动态》一会儿用专业术语说，"这是国内外汉字功能最强的系统之一"，一会儿又用诗人的语言说"她就像躁动于母腹的一个婴儿，具有很大的生命力”。在当时比较有影响力的《光明日报》《经济日报》、中央电视台、广播等媒体上持续不断地宣传汉卡。这样做的目的就是为了让那些投反对票的专家产生这样一种心理：是不是我原来看得有点问题？

紧接着就是，他们两人一个一个登门求见专家。第一个专家是中国科学院的副院长孙鸿烈，此人本来就在为联想鸣不平，自然一说就通。然后两人拿了孙鸿烈的签名去找别人。一见面就送上事先准备的全套材料，言辞恳切地陈述理由，再递上早已写好的申请书，等着人家签名。在李岚的记忆中，1988 年她似乎没干别的，就是这件事。她见了人就说自己是“联想的代表”，感受了热情也感受了冷漠，见识了开门见山也见识了拐弯抹角，更体会到了被严词拒绝的难堪。攻关组在登门拜访时，并没有提出过分的要求，只是说“请你到我们公司来，我再一次给你展示联想汉卡”。

为了迎接委员们的到来，柳传志和倪光南在持续两个月的时间里全都出马，公司搭建了临时展厅，摆上了全部插着联想汉卡的计算机。委员们陆续到来，有时候是一群人，有时候是一个人，无论多寡都能感受到细致周到的接待。联想方面对无论专业还是非专业的问题都一一耐心解释，因为这不仅是个技术展示的过程，而且也渗透着一种微妙的公共关系。

就这样一个人一个人地做工作，终于攻下了 10 个人。10 名专家联名 50 个专家开会，决定命运的会议在京西宾馆召开，50 个评审委员都在场，联想需要至少三分之二的选票才能如愿。他们来到会场，还有最后一个机会展示自己的成果，然后一行人走出来，站在走廊上等待消息，个个紧张万分地等待结果。

5 分钟后消息传来，居然成功了。走廊里一片欢呼，大家又跳又叫，李岚倚壁而泣，郭为一头栽在地毯上，晕了过去。最终公布的名单中，联想汉字系统获得了一等奖。

郭为将本来不占优势的事情发挥出潜在的优势、把 0.1%的希望变成现实的能耐，让柳传志看到了他的才能，也为他后来执掌神州数码埋下了伏笔。

资源不在多少，而在于怎样利用。巴西的矿产资源非常丰富，但国民生产总值却远远比不上日本；瑞士可以说是个弹丸之地，却创造出举世瞩目的财富。资源的确有限，可是对资源的利用方式是无限的，这无限的可能性则来自无限的创意。我们要学会把有限的资源发挥到最大限度，让希望在我们手心缓缓开出美丽的花朵。

顾客至上，客户第一

企业的最大靠山是市场和客户

“20多年以前，我们开始做互联网的时候，其实我们并不是一开始就做淘宝、天猫、支付宝，我们到2003年才意识到未来的商业将会发生天翻地覆的变化，2004年我们才意识到也许我们这么做下去，金融会发生巨大的变化，所以2003年、2004年，其实我在全中国做过至少不亚于200场的演讲，跟无数的企业交流未来新的商业模式、新的电子商务将会改变很多商业的形态。我相信那时候绝大部分企业并不把它当一回事情。但是今天电子商务发展起来了，纯电商时代很快会结束，未来的10年、20年，没有电子商务这一说，只有新零售这一说。”

以上是马云在2016年年底在云栖大会上的讲话片段，正是看到了市场潜力，马云才会坚定不移地开展自己的事业，而当时很多企业没有重视马云的话，没有洞见到未来的市场需要，所以一步输步步输。

谁都知道，钱是赚来的，但“钱是从谁那儿赚来的”，这个问题就不见得谁都知道了。市场和客户是企业最大的靠山，也是企业利润的最直接来源。如何在这两座巨大的靠山中找到自己的客户群体，这就需要对目标市场和客户进行细分。市场是一个综合体，是多层次、多元化的消费需求集合体，任何企业都无法满足所有的需求，企业应该根据不同需求、购买力等因素把市场分为由相似需求构成的消费群。随着市场规模的逐步扩大，市场本身呈现出由卖方市场转为买方市场的新特点，这直接导致消费者的需求水平和需求层次提升，对个性化服务的追求表现得越来越强烈。因此，除了要设计出满足消费者不同需求的系列产品之外，还要积极发掘有希望购买产品的顾客，这成了企业未来发展过程中的有力保障。

专注于B2B的阿里巴巴强调，企业在高速发展的过程中必须要做到三贴近——贴近客户、贴近员工、贴近网站。阿里巴巴B2B前总裁卫哲对此明确要求："公司的每一个员工都必须亲自进行一次客户问卷调查。在高速发展的时候，我们必须回归到最基本的东西。我自己为此在北京、成都、上海、重庆、广州等地方，和当地的网商们进行过很多次小范围的开放式交流。"

对于这一类调整，马云说道："阿里巴巴年年都是有大调整的，卫哲比我还能折腾。他甚至要求我亲自跑到香港去找客户进行一对一的深入聊天。"这种做法虽然折腾，但却很有实效，因为守住靠山的最有效方式就是贴近靠山并且深入靠山。2008年金融危机爆发，很多曾经从事出口的中小型企业迫于形势转做内销。为了让这一批企业能以一个全新的身份开始新的探索，阿里巴巴也是竭尽所能地提供相关的便捷服务。"诚信通"就是这一时代的产物，并且通过改进推出了移动版，使客户使用诚信通的地点不再局限于电脑面前，提高了产品的实用性，也为新的优质客户的发展提供了便捷。

阿里曾经还召开过一次内部的会议，时长为3天，整个大会基本上是吵着开完的，吵的内容就是阿里到底该做什么。直到最后一天，阿里确定了发展方向：放弃那些与阿里巴巴大方向不一致的产品，主打有偿服务——"中国供应商"。中国供应商这一全新的服务主要面对出口型的企业，依托网上贸易社区，向国际上通过电子商务进行采购的客商推荐中国的出口供应商，从而帮助出口供应商获得国际订单。这一策略很好地迎合了客户的需求，并且赶在中国加入WTO的契机上，让更多的企业产品能够销往国外。“中国供应商”的出现为一批中国的出口商搭建了一座销售的渠道和桥梁，通过线上的推广和线下的服务和展会支持促成了签单，在方便客户、联系市场的同时，更救活了阿里巴巴。

马云是一个厉害的运筹者，阿里也是一支强大的团队，但是没有强大的市场和客户做支撑，马云和阿里都将失去发言权。

把顾客放在第一位

做好服务，把顾客放在第一位是一种工作理念，也是一种新的赚钱手段，越是为顾客提供完美、优质的服务就越能另辟蹊径找到赚钱方式。

“顾客就是上帝”，许多公司将这一原则奉为最高信条，阿里巴巴也是如此。但马云认为，有时候客户是错的，他们不知道企业在干什么，但是企业明白自己在干什么。

马云曾说过，阿里巴巴也有“三个代表”。他说：“我们的三个代表，第一，必须代表客户利益；第二，必须代表员工利益；第三才是代表最广大的股东利益。”在谈到如何体现“客户利益”时，马云这样说道：“营业额很重要，但我要给大家一个清楚的信息，我们的客户数、客户满意度更为重要。为客户服务好，这是永远不会变的道理。”

“客户是父母，股东是娘舅。”这是马云提及客户与股东对于阿里巴巴的影响时用的一个比喻。对于阿里巴巴这样一个服务型企业来说，马云深知客户的重要性。

在被阿里巴巴称为“六脉神剑”的价值观中，“客户第一”被置于价值观金字塔的顶端，并有详细阐述：客户是衣食父母。无论何种状况，始终微笑面对客户，体现尊重和诚意。在坚持原则的基础上，用客户喜欢的方式对待客户。为客户提供高附加值的服务，使客户资源的利用最优化。平衡好客户需求和公司利益，寻求并取得双赢。关注客户的关注点，为客户提供建议和资讯，帮助客户成长。

阿里巴巴所有产品或服务的推出，都建立在这一价值观之上。从客户的角度出发，为客户创造价值，这也正是阿里巴巴受到客户欢迎的根本原因。马云在面对不同客户时，他没有采取复杂的个性化服务，而是化繁为简，替客户着想，为客户提供简单有效的方法，让客户的生意做得更加轻松。

马云以“客户利益最重要”为基础，要求阿里巴巴的员工必须认同这一文化，要以顾客为导向，来指导自己的工作。为方便客户进行电子商务的操作，他收购雅虎中国，完成了信息流建设；与中国邮政合作，完成物流方面的建设；与银行合作，并推出支付宝，努力解决资金流的问题。马云还希望将电子商务变得像自来水一样方便，“随手一拧就是”。

服务于客户，把顾客放在第一位，急顾客之所急，想顾客之所想，为顾客提供最快捷、最方便的服务，使他们满意，这是企业兴旺发达的法宝，要想成功经营企业就要重视这一点。

为客户提供有价值的服务

阿里巴巴网上的用户都是商人。商人一般都不在乎交费所花的这点小钱，他们在乎的是你提供的信息和服务对他们是否有实际的价值。在理清了这一出发点之后，马云确立了阿里巴巴的价值观：“我们坚信一点，新经济也好，旧经济也好，有一样东西，永远不会改变，就是为客户提供实实在在的服务。如果没有有价值的服务，网站是不可能持续发展的。”

电商的起步是艰难的，基本上都是处于亏钱的状态，为了维持企业的正常运作，基本上所有的互联网公司都在挖空心思赚客户的钱。马云此时的看法不同，赚不到钱是一个大环境下的普遍现象，换言之，反正赚不到钱，倒不如挖空心思帮助客户成功。阿里巴巴正是在这样的出发点上起步的，所以阿里人的脑子里面服务意识才会如此强烈。

2010年和2011年，阿里金融利用众多支付宝注册用户所产生的巨额在途资金等资源，创造了“平台+小贷”的融资模式，分别于浙江和重庆成立了小额贷款公司，为阿里巴巴B2B业务、淘宝、天猫三个平台的13万家小微企业和个人创业者提供融资服务，他们可申请订单贷款和信用贷款。经过实际的数据监测，阿里小贷的不良贷款率为0.7%，处于可控范围之内。

中小企业用户普遍存在资金周转困难的问题，阿里小贷则很好地从这一问题出发，为客户提供了最合乎实际的帮助。淘宝和天猫的用户可以使用阿里小贷申请基于订单的贷款和其他信用贷款，用于供应链周转融资，以日计息，随借随还，无担保无抵押，最大限度地降低贷款申请的门槛，为真正需要帮助的客户解决燃眉之急。这对于广大中小企业来说，能有一笔流动的资金不断为小微电商经营业主“解渴”，确实是一项非常贴心的服务。

这些客户为什么不去银行贷款？因为银行贷款的信用评定过程太过繁复，而且电商交易与传统商业交易之间有着本质的区别，在信用评级方面也应该采用更加适合电商的标准。“如今，信用已经不再是传统意义上拿着房产证才算做信用，有钱没钱不能成为判断一个人有没有信用的前提条件。”阿里巴巴的信用评定采用了全新的标准，凭借用户在淘宝网上的交易信息直接获取一手交易信息，并对内在的交易数据进行深层发掘，通过交易过程中的具体表现来判断其偿债能力，以控制发生不良贷款的比率。有多少客户去看过店铺、成交量多少、成交后消费者如何评价等，阿里巴巴用这些全新的信息打造了申请阿里小贷的标准，让更多客户“不仅能贷得放心，还能贷得容易”。

商人不怕花钱，就怕钱花得不值。所以，经营企业就要学会参考别人的标准，学着帮你自己的客户解决问题，最后制订出最适合自己的标准。

用真心去打动客户

“亲，包邮哦！”这样一句简单的话语，如今已经成了淘宝的招牌。“亲来亲去”之间，淘宝走进了诸多消费者的心中。

淘宝为什么要用“亲”来打招呼？这是一种与顾客拉近距离的方式。繁体字的“親”是由“亲”和“见”组成的，只有天天见的人才会亲，不见是不可能亲的，一个亲字也很容易拉近商家与客户之间的距离，更容易促成交易。网商抱团、网商跟消费者交流，每次叮叮当当的交流，就是“亲”的来源。

淘宝的“亲”其实是一种营销理念，是一种价值观层面的营销。从阿里到淘宝，马云都非常注重价值观营销。著名的营销大师菲利普·科特勒教授将营销价值观称为第三代的市场营销策略。这种策略认为营销应该以价值观为中心，不仅要抓住客户的需求，还要打动客户的心，让客户喜欢上企业，认可企业的价值观，然后长期使用这家企业的产品。淘宝已经“亲”出效果了，很多消费者也愿意去淘宝上消费，人们在生活中也愿意用淘宝体来进行调侃。这便是成功营销的一种典型表现。

但是，价值观层面的营销并不是仅仅靠嘴巴去讲就能够实现的，还要靠行动去落实。阿里巴巴内部有一个广为传播的案例，很好地诠释了阿里“客户至上，用真心打动客户”的理念。

有一次，阿里巴巴的一名业务员将阿里巴巴介绍给了山东一个三线城市的房地产商，并且说服这一地产商加入了阿里巴巴，同时还购买了“中国供应商”的增值服务。这位地产商的加盟直接给阿里巴巴增加了6位数的收入，但阿里巴巴最终却将这笔收入退还给了这名地产商，并且对介入这一事件的员工进行了严肃处理。其中原因在于这名员工触犯了“客户至上”的天条，他曾向客户夸下海口，说阿里巴巴能够帮助他将房子卖到世界各地。阿里巴巴 B2B 前总裁卫哲对此分析道：“如果按照股东的利益，这个钱我们该收；但按照客户利益至上的原则，这种做法就是在欺骗客户。”对于卫哲的观点，马云持赞成意见。

这笔钱对阿里来说确实是笔可观的收入，为了一个理念放弃到手的利益到底值不值呢？马云认为：只有客户给钱，员工才能收钱，股东才能分钱，因此才有了阿里“客户第一、员工第二、股东第三”的理念。好的企业一定是将客户摆在最中心的位置的。

如今的市场是买方市场，买不买客户说了算。而客户给钱又是企业效益最关键的一环，因此，能否打动客户就成了关键中的关键。这不是一种技巧，而是一种态度、一种真心。

第三章 尽人之智，成己之事

吸引人才，知人善任

一流的企业文化，引来一流的人才

大企业要有小作为，小企业要有大梦想。我们每个人都要去想想自己有了一些想法后，怎么把它变成现实？

马云认为，互联网有今天，四个特征最关键——开放、透明、分享、责任。他说，假如你的管理没有这样的实质，你的企业一定走不远。一个优秀企业是管理出来的，优秀员工是管理出来的，优秀的商业模式也是管理出来的，不是谈出来的。

现代企业最高层次的竞争已经不再是人、财、物的竞争，而是文化的竞争，最先进的管理思想是用企业文化进行管理。何为企业文化？它是一种以人为根本、以制度为导向的管理思想与管理哲学的融合，虽然是企业里看不见的软件系统，但却是企业最核心的竞争力。

在阿里巴巴，管理是靠价值观、文化和使命感，而且马云希望能靠这个东西，让企业活 102 年。为什么企业的文化管理如此重要呢？

实际上，企业文化就是在回答一个问题：你的企业凭什么凝聚人心？这是企业管理的思想底线。大道无形，企业文化是个看不见、摸不着的东西，但它必须回答“工作到底是为了什么”。企业文化的好坏直接关系到员工的忠诚度，管理者必须明确一点，你有几流的企业文化，你就有几流的追随者；你有几流的追随者，你就有几流的企业。

因此，企业管理者越来越注重企业文化的建设和价值观的塑造，最明智的管理者一定是具备将企业文化融于员工血液的能力的人。只有建设一流的企业文化，企业才能引来和留住一流的人才。

在管理过程中，我们常常过多地强调“约束”和“压制”，事实上，这样的管理往往适得其反。因为树立的规矩越多，管理成本就会越高，也不能充分调动人的积极性。聪明的管理者往往会在“尊重”和“激励”上下功夫，了解员工的需要，满足他们。只有这样，才能激起员工对企业和自己工作的认同，激发员工自发控制的欲望，使其变消极工作为积极工作。正所谓，真正的管理，就是没有管理。

出色的管理者总是首先着眼于培养员工的自发管理意识，使他们成为能够自我管理、自我激励的人，而不是依靠每天督促，才能让他们圆满地完成工作。

“做软件，到微软”是微软中国研究开发中心工作人员经常自豪地讲出的一句话。去微软做软件，可以说是每一个做软件的人梦寐以求的事。因为除了过硬的技术外，微软能为自己的员工提供最大的实现自己创意的空间，能使员工的自我发展和自我价值得到最完美的实现。

微软的企业文化强调充分发挥人的主动性，要求员工有很强的责任感，同时给他们做事情的权力与自由。简单地说，微软的工作方式是“给你一个抽象的任务，要你具体地完成”。

对于这一点，微软中国研发中心的桌面应用部经理毛永刚深有体会。毛永刚说，1997年他刚被招进微软中国研发中心时负责做软件。当时他只有一个大概的资料，没有人告诉他该怎么做，该用什么工具。和美国总部交流沟通后，得到的答复是一切都要靠自己。就如测试一件产品，研究中心没有硬性规定测试的程序和步骤，完全根据研发人员自己对产品的理解，考虑产品的设计和用户的使用习惯等来发现新的问题。这样，员工就能发挥主动性，设计出最令人满意的产品。

微软是个公平的企业，这里几乎没有特权。盖茨最初并没有自己专属的停车位，来晚了就得自己到处去找。正是这种公平和富有挑战性的工作环境，促成了微软员工对工作的巨大热情，这种热情就是管理者最有效的管理工具。在微软，员工基本上都是自己管理自己。无须多言，正是员工个人内在的自发控制和管理，使得微软始终保持高速运转的势头，占据着最有利的竞争位置。

激发员工的自发管理，是微软重要的管理方式之一，这成就了微软的卓越。员工的自发管理是企业发展的源泉。企业管理者只有变强制管理为自主管理，创造一个能够让员工自发管理的企业机制和文化环境，才能触发员工的主动性、积极性，让员工为企业创造更多的利润。

用人紧扣“企业发展需要”这根弦

做企业拼的是智慧，拼的是勇气，拼的是团队的合作。对于企业而言，衡量人才优秀与否的标准是他是否符合企业的发展需要。从作业要求的角度说，匹配的就是人才。理性的用人标准是不被人才的光环所诱惑，而是紧紧扣住“企业发展需要”这根弦。

阿里巴巴网站建立起来了，马云立志要使之成为中小企业敲开财富之门的引路人。阿里巴巴获得以高盛牵头提供的500万美元风险资金后，立即着手的一件事情就是从中国香港和美国引进大量的人才。

马云对外宣称：“创业人员只能够担任连长及以下的职位，团长级以上全部由MBA（工商管理硕士）担任。”当时，在阿里巴巴12个人的高管团队成员中除了马云自己，全部来自海外。

接下来几年，阿里巴巴聘用了更多的MBA，包括哈佛、斯坦福等学校的MBA，还有国内大学毕业的MBA。但是，阿里巴巴请来的很多业界高手们，却严重“水土不服”。他们总是讲得头头是道，但结果干起来全错！后来这些MBA中的95%都被马云开除了。

马云后来回忆道：“我跟北大的张维迎教授辩论，首先我承认我水平比较差，95%的MBA都被我开除掉了，难道他们就没有错吗？怎么可能95%都被我开除掉？肯定有错。因为这些MBA一进来跟你讲年薪至少10万元，一讲都是战略。每次你听那些专家跟MBA讲是热血沸腾，然后做的时候你却不知道从哪儿做起。”

错误让马云明白，公司当时的发展水平还容不下那样的人。那些职业经理人管理水平确实很高，就如同飞机引擎一样，但是将飞机的引擎装在了拖拉机上，最终还是飞不起来。

后来，在阿里巴巴有这样一句名言：“让平凡的人做不平凡的事，充分调动他们的积极性跟潜能。”马云说：“我考3次大学没有考上，一定很平凡，如果你们觉得我今天是成功的，那每个平凡的人都能成功。”可以说，阿里巴巴现在的成功离不开这一用人理念，即找到最合适的人才，放在最适合的位置。

拿破仑说过：“最难的倒不是选拔人才，难点在于选拔后怎样使用人才，即怎样让他们的才能发挥到极致。”这是因为，发现人才、识别人才、选拔推荐人才，都是为了善用人才。

企业所需要的不一定是最优秀的人，但一定是最适合的人，因为岗位需要而使用人才。优秀的人未必就是最能满足岗位需要的人选，在这种意义上，合适比优秀更重要。

作为企业管理者，一个重要责任就是最大限度地开发员工的潜能：让腰粗的人背土——不伤力；让腿粗的人挖土——有劲；让驼背的人垫土——弯腰不吃力；让独眼龙看准绳——不分散注意力。要做到这一点，就要使员工与岗位相匹配，通过岗位匹配达到开发员工潜能的理想效果。

一家公司的招聘登记表格中有这么一栏：“你有什么短处？”一位下岗女工来应聘，在这一栏如实地填上了：工作比较慢，快不起来。很多人一致认为，她是不可能被录用的，谁知老板居然亲自拍板，录用了这位女工，让她当质量管理员。

老板说：“慢工出细活，她工作慢，肯定会细心，让她当质量管理员错不了。再说，她去许多地方应聘过，没有被录用，到这里被录用了，肯定会拼命地干，以后我们公司肯定不会有退货了。”结果正如老板所预言的那样，那名女工工作成绩显著，公司的确没有退货了。

其实，在任何一家企业中，员工能力都是有区别的。企业虽然需要对企业产生变革性影响的“发动机”型人才，也离不开兢兢业业为企业奉献的“螺丝钉”型员工。

小企业可以用游击队，大企业必须依靠正规军

所有企业都会担心优秀员工走掉，如果这个人走掉了，业务就没有了。如果天天都让这个员工太骄傲，结果会形成恶性循环，导致最后公司垮掉。

每一个人的能力都不同。有的人能将自身的潜力发挥得淋漓尽致，成为某个领域的顶尖高手。有的人却能使别人乃至整个团队的潜力发挥得淋漓尽致。如果前一种人被称为人才的话，后一种人可谓之“将才”。将才就像一种化学媒介，能激活团队的化学反应，就像一根火柴点燃一堆干柴。

正如马云所说，只靠“游击队”是不可能打下全国的。“游击队”在创业初期的灵活性是功不可没的，但是随着企业的壮大发展，必须将“游击队”转化成“正规军”，才能具备强大的作战能力，攻下全国市场。在这个过程中，需要选拔一大批的将才，才能将这个愿望转化成现实。

比尔·盖茨兼具技术人才和领导者的特点，但对公司各种事务的管理却不在行。随着微软公司员工越来越多，急需一位精通管理的人才来统帅。为此，比尔·盖茨想到了他的校友、交际高手史蒂夫·鲍尔默。在哈佛大学时，盖茨便与鲍尔默关系很好，当时盖茨迷恋于打牌赌钱，赢了后常到鲍尔默那里数钱。鲍尔默毕业后，又考入斯坦福商学院，但他没有立刻去学校，而是在一家公司干了一段时间。

鲍尔默为了公司的业务，曾到阿尔伯克基找过盖茨。当时，盖茨就想他留在微软公司，但他没有答应。后来，鲍尔默又在几个公司做事，始终不愿意在一个公司长期固定下来。1979 年，鲍尔默到西雅图来探望盖茨，

盖茨又恳切地对他说："你来微软公司吧，我们需要一个经理。"鲍尔默说："还需要考虑考虑。"

盖茨把鲍尔默请到西雅图，再一次想要说服他为自己的公司工作。为了能请动鲍尔默，盖茨把父母也动员了起来，让他们出面做说服工作。鲍尔默最终答应了盖茨，但是他说手边的事还没有处理完，至少要等到夏天。

到了夏天，鲍尔默果然来到了微软公司。在这里，他的年薪是5万美元，职务是总裁助理。鲍尔默到微软时，公司的很多人都认为鲍尔默没有技术，对经营也不怎么懂，可工资却比谁都高。这也使那些原本对待遇不满的人怨言更多了。

随着时间的流逝，鲍尔默的才能一一得到了显示，他的巨大价值也被人们所认识。他充满了活力与激情，同时也具有很强的攻击性，与盖茨相比，甚至有过之而无不及，但他的攻击性更多的是在激励人，而不是伤害人。许多人都认为，听鲍尔默讲话，就像是聆听上帝的福音。微软公司的员工深深为他充满活力、令人振奋的谈话所感染。一位市场经理这样评价他："他要求你思考时不要拘泥于条条框框，与史蒂夫交谈后，你愿意为他付出一切。"

有人说，正是鲍尔默的全身心投入，才使微软公司稳居于计算机世界变革的巅峰。

千军易得，一将难求。为什么很多企业人才济济，管理层却总是抱怨无人可用？为什么组织中很多崭露头角的明日之星，最终都沦为"万年科员"？企业中真正奇缺的不是人才，而是将才！最好的领导不仅要善于"将兵"，而且要善于"将将"。尤其是在当前竞争日趋激烈的环境下，培养一支充满青春、充满活力、敢打硬仗、善打硬仗的年轻、专业的将才队伍显得尤为重要。那应该如何发现并培养出这样一支支持公司业务发展的将才队伍呢？

1.严格甄选将才，做到量才而用。识别任用将才也是一种领导能力的体现。作为一个公司管理者要全方位地看待每一名员工，不仅要看他的学历水平、专业技能和工作能力，更要注重他的道德水准和综合素质。要善于发现每一个人的亮点，谁适合做什么要做到心中有数。

2.帮潜在将才做好职业规划。经过观察，我们可以大胆地发掘能成为将才的人。一旦确定人选，第一，是帮其建立信心，确立职业生涯规划，制订短期、中期、长期目标，设定每个阶段要实现的目标，鼓励其不断往前走，鼓动其燃起晋升的欲望。第二，是鼓励他们放大格局。这里的格局是指对目标的渴望，不拘一格确定努力的目标。确定努力的目标和实现的方案后，想方设法帮他们实现。他们在尝试过一次达到目标高峰后，以后的目标就不会低。可以借此树立标杆，对整个团队都是极大的鼓励。第三，要包容失败，善于总结。指导对象一时没达到目标不能气馁、不能轻言放弃，要客观分析，认真总结，为以后的培养打好基础并提供借鉴。

3. 对将才进行定向培训。通过甄选确定的人员必须经过定向培训的过程才能走上工作岗位。这就好比是“打铁成器”，通过定向培训，才能把将才打造成一个个适合企业发展的个体。在培训的过程中在注重专业技能提升的同时，还要进行企业文化的熏陶。企业文化是培训过程的重点，它是一个企业经过很长一段时期的发展才得以形成的一种文化底蕴。这种文化底蕴就好比是一种信仰，只有将这种文化底蕴传输到每一个将才的思想里，让企业文化真正地融入他们个人的价值观里，让他们从思想上高度认可企业的发展理念，才能从根本上提高他们的主人公意识，提升他们的集体荣誉感和归属感，提高他们的忠诚度，让他们把企业的目标当成自己的奋斗目标。

适用，即人才

真正的人才是适合企业需要的人，不合适的人才就好比把飞机的引擎装在了拖拉机上，最终是飞不起来的。很多人的水平确实很高，但是不合适，那么公司的发展水平就容不下他。平凡不代表平庸，领导力的体现就是要让平凡的人做出不平凡的事。

阿里巴巴的团队不欢迎令人头疼的天才，在阿里巴巴的团队中，最多的是平凡的普通人。在阿里巴巴工作不需要多高的智商，只需要有责任心、有团队精神的人。阿里巴巴前期也搞过精英团队，后来发现，“全明星”团队很难管。精英团队每个人都本领不凡，都认为自己很有道理，也勇于坚持自己的意见，这样反而使团队的力量不能用到一处，每个人的力量都得不到最大的发挥。

现代管理学之父德鲁克曾说过：“企业的目的是‘使普通人做不寻常的事’。”德鲁克认为一个团队不能依赖天才。天才是很少的，过分依赖天才是靠不住的。对一个团队的考验就是，要使平凡人能取得更大的成就，要使成员的长处都能发挥出来，并利用每个人的长处来帮助所有其他人取得成就。组织的任务还在于使成员的缺点互相抵消，使每个人都能充分发挥自身的长处。没有一个企业能够完全依赖天才，天才的出现总是寥若晨星，难以预测。作为领导者应该努力挖掘员工自身的长处，使普通员工发挥最高的水平，做更多更好的工作。

鸿海集团总裁郭台铭说过：“我们要的是能团队合作的人才，不要天才。因为天才型的研发人员到哪家公司都会令人头痛，天才就让他留在天上。”

企业在选择合适的岗位人才时要掌握以下要领：

1.分析现有岗位人员的技能特点，最好增加互补型人才。假如现有的人才都属于通才型，那需要找到一个有专长的人才作为互补。

2.考察专业能力。考察专业能力时，最好能涵盖基础知识以及项目实践，把握好深度、广度，考察他经历过的项目，考察其是否有独立做事情、带团队做事情的能力。

3.考察学习能力。了解其在碰到疑难问题时的解决模式，以及对这个问题是否有提问的智慧。

4.考察适应环境能力。

5.考察职业素质。比如跳槽是否过于频繁，能否有稳定性；对自己是否有清晰的定位以及职业发展规划。德国有一句名言，叫作“垃圾是放错位置的财富”。是不是人才，关键是看你把他放在什么位置上，让他去做什么事，只要他在这个位置上能够做好，能做出成绩来，他就是人才。如果不行，即使顶着再多的桂冠，他也不是人才。

所以，适用即人才，只有适应某个企业、某种环境、某个职位、某种文化的人才是人才。

再厉害，也只能跑一棒

团队，成长型企业必须突破的瓶颈

马云自认为是与唐僧一样的领导人，在他看来，一个企业里不可能全是孙悟空，也不能都是猪八戒，更不能都是沙僧。他说，要是公司里的员工都像他本人那么能说，而且光说不干活，会非常可怕。他不懂电脑，销售也不在行，但是公司里有人懂就行了。

唐僧团队的组织目标十分明确，就是取经。同时，从某种意义上说，这个团队基本上是一个制度化的团队，虽说不算很完善，存在问题也极多，但基本能保证组织目标的达成，符合满意原则。孙悟空是人才，但容易出格，就要用金箍将他管束住；沙僧老实，自我管理就行；八戒难成大事，只要让孙悟空管束住他就行了。这种制度体系虽然严重压制创新意识，但是对于取经这样一个特定的任务而言，却是一个比较好的选择。

在人才搭配上，唐僧团队也是非常合理的。唐僧本人没什么本事，但能把握大局，而且执着；孙悟空忠心耿耿，能征善战，适合打头阵；沙僧老实巴交，最适合做基础工作；猪八戒看似一无是处，但能讨领导欢心，能调节气氛，这种人在企业里也不可或缺，何况他能在日常生活中照顾领导，关键时候也能帮上忙。同时，唐僧这个团队非常注意充分利用社会资源、人际网络，遇到困难时还能请菩萨出来排忧解难，化险为夷。

马云认为，中国的企业往往是几年下来，领导人成长最快，能力最强，其实这样并不对，他们应该学习唐僧，用人用长处、管人管到位即可。毕竟企业仅凭一人之力，永远做不大，团队才是成长型企业必须突破的瓶颈。

每个人有优势也有劣势，如果几个人的优劣势恰好互补，可以取长补短，那么这几个人组成的团队将是一个完美的组合。

英国学者贝尔宾被称为“团队角色理论之父”，他曾提出过“阿波罗综合征”现象：即在一个千挑万选的优秀团队中，成员们的精力往往消耗在无聊的内耗或对团队目标没有帮助的争辩中，只为了说服其他成员接受自己的观点，或是攻击别人论点中的缺口，最后总体表现反而比不过一个平庸的团队。

某汽车公司的老总手下有3个销售员，他们各有长处，但业绩都不理想。老总让培训师为他们把了把脉，培训师逐一为老总分析。

销售员A交际能力突出。吃饭的时候，一见培训师就热情地打招呼：“老师你好你好，来，喝酒喝酒。”这样的人跟人打交道不错，但是他毛病很多，专注度不够，不是研究产品的料，一谈实质性的东西就不行了。

销售员B敬酒时说：“老师，敬您一杯，我先干了。”我还没回过神，他已经干了，然后就不说话了。

过一会儿问他们：“你们公司的汽车究竟怎么样啊？”A先说话，说汽车怎么好，很适合我的风格，吹了半天但我一点兴趣都没有。这时B开始接过话茬，他就把公司的汽车从发动机的性能、家庭的实用性，一直到它的内部装饰、所有一系列设备，都仔仔细细说了一通，用专业术语使劲描述。最起码让我觉得，那一系列新款车质量都很好。这个人介绍产品厉害，但不太会与人打交道。

销售员C一直话不多，给人的感觉是他很机械，但他的眼睛很犀利，虽然不怎么讲话，但他说出的每一句都是关键，往往一语中的，极具杀伤力，基本让人没有回旋的余地。这是他的本事，放在销售上，他就知道什么时候该下手让客户掏钱。

“这三个人，真是绝佳的组合。”培训师向老总建议：“很简单，千万不要让他们各自为战，单独销售，而是要马上把销售分段化，不要去改他们的缺点。不要批评A，让他说话稳重点，把产品研究好；也不要批评B，让他学习和人打交道；也不要批评C，不要老是那样子做销售，放开一点。你就让A做一件事情，就是铺天盖地交朋友，张总啊，李总啊，反正他愿意和人打交道。头一次见面就是攀交情，下一次去的时候，把那个讲产品的B带过去，就说是公司的产品专家，负责介绍产品。还要把C也带上，关键时刻敲定成交，他有能力促成交易成交。这种组合优势互补，简直是完美组合。”

好的团队其实是一群平凡的人做不平凡的事，而所谓的精英团队反倒很难成就大事，因为他们将陷入个人英雄主义的泥潭。马云说：“我们都是平凡的人，聚在一起做一件非凡的事。我们不要精英，阿里巴巴不欢迎精英。假如你认为你是精英，请你离开我们。因为我相信，如果有人说‘我是精英’，这个人肯定不是精英。一个真正是精英的人，会把自己看得很低；当他以平凡的心态加入团队的时候，才有可能做出成就。”

团队成员的优势可以相互补充，取长补短。人才标准降低了，成本降低了，效率却提高了。因此，让团队成员成分复杂点，都有一技一长，优势能够互补，这样才能真正形成合力，成就大事。

保持好的沟通氛围，团队才有战斗力

马云曾说：“团队内部要有一个好的沟通氛围，工作上什么事情都可以沟通，这样的团队才是有战斗力的。”

在阿里巴巴创业初期，各位创业元老经常争论，有时候争论过了头，个人情绪化的问题都爆发了出来。为了避免因为这些争论影响团队的合作，阿里巴巴制定了一个原则——简易。要求非常简单：我对你有意见，我就找到你，找到门口，谈两个小时，要么打一场，要么闹一场，我们俩把问题解决掉。如果你对我有意见，你不来找我，而去找第三方的话，你就该退出这个团队。

随着阿里巴巴的不断发展，面对面的直接交流已不可能。为了保持整个团队的无障碍沟通，阿里巴巴充分利用了互联网的便利。马云在一次演讲中说道：“我们反对在内网实行匿名制。我们倡导的是 Open 的文化，匿名制只会使人与人之间互相怀疑、猜测，他可以很不负责任地说一些很不负责任的话，或者他说的话是负责任的，但他又不愿意说他是谁或别人是谁，而使公司的员工都在猜测。阿里巴巴是所有员工的，是股东也是我们会员的。我们没有什么话不可以说。现在我们开设了一个 open@alibaba-inc.com 的信箱，大家可以不落名。我们很欢迎大家来信，并且保证一定有答复。”

因为有健康的沟通文化，阿里巴巴没有小的利益集团，也没有利益集团的相互斗争，人们相处轻松愉悦，促进了整个团队的健康发展。

在庞大的组织中，建立四通八达、自由交流的信息沟通网络和方式，可以改变文山会海、拖拉作风、官僚主义等恶习，提高组织工作的效率。

在一个群体中，要使每一个群体成员能够在共同的目标下，协调一致地努力工作，就绝对离不开沟通。沟通，是人类活动和管理行为中最重要的职责之一。因此，企业的管理者应该特别注重培养企业的沟通文化。

杰克·韦尔奇被誉为“20 世纪最伟大的企业领导人”之一。在他上任之初，通用电气内部等级制度森严，结构臃肿。韦尔奇通过大刀阔斧的改革，在公司内部引入了非正式沟通的管理理念。韦尔奇认为：“管理就是沟通、沟通、再沟通。”

通用电气最成功的地方,是韦尔奇在公司内部建立的非正式沟通的企业文化。通过这种非正式沟通,韦尔奇不失时机地让人感受到他的存在。而且,使公司变得“非正式”意味着打破发布命令的链条,促进不同层级之间的交流,改革付酬的方法,让雇员们觉得他们是在为一个几乎与人人都相知甚深的老板工作,而不是为一个庞大的公司工作。

韦尔奇比他人更知晓“意外”两字的价值。每个星期,他都会出其不意地造访某些工厂和办公室,临时安排与下属经理人员共进午餐。工作人员还会从传真机上找到韦尔奇手书的便笺,上面是他遒劲有力又干净利落的字体,所有这些的用意都在于领导、引导和影响一个机构庞大、运行复杂的公司。韦尔奇最擅长的非正式沟通方式就是提起笔来写便笺,目的就是为了鼓励、激发和要求行动。韦尔奇通过便笺表明他对员工的关怀,使员工感到他们之间已从单纯的上级与下属的关系升华为人与人之间的关系。

通用电气的一位经理曾这样生动地描述韦尔奇:“他会追着你满屋子团团转,不断地和你争论,反对你的想法。而你必须不断地反击,直到说服他同意你的思路为止。而这时,你可以确信这件事你一定能成功。”这就是沟通的价值。

韦尔奇曾说:“我们希望人们勇于表达反对的意见,呈现出所有的事实,并尊重不同的观点。这是我们化解矛盾的方法。”“良好的沟通就是让每个人对事实都有相同的意见,进而能够为他们的组织制订计划。真实的沟通是一种态度与环境,它是所有过程中最具互动性的,其目的在于创造一致性。”沟通就是为了达成共识,而现实沟通的前提就是让所有人一起面对现实。

企业是个有生命的有机体,而沟通则是机体内的血管,通过流动来给组织系统提供养分,实现机体的良性循环。如果缺乏沟通,或沟通不畅,将会给企业造成巨大损失。善于沟通的企业管理者都很清楚,沟通创造透明,而培养团队内部的沟通文化会让企业的管理更加高效。

破坏团队制度的员工，必须踢出去

管理涉及用人，用什么样的人，事关企业的兴衰成败，因此要慎重。

马云把团队成员分成三种类型：第一类，是在阿里巴巴公司的平时考核中业绩很好，但价值观很差的。他们每年的销售额特别高，但根本不讲究团队精神，不讲究质量服务，这一类人属于“野狗”，留在团队中会造成极大的伤害，必须开除。

第二类，是那些价值观很好，为人热情、善良、友好，但业绩永远好不起来的，我们称之为“小白兔”。这一类也要离开，毕竟公司不是救济中心。不过“小白兔”在离开公司3个月后，还有机会再进阿里巴巴，只要他能把业绩搞上去，而“野狗”就没有这个机会了。

第三类，是阿里巴巴最需要的人才，即业绩好、价值观同样好的“猎犬”型人才。在阿里巴巴，“猎犬”是最受欢迎的，不仅会得到公司重用，在被“确诊”为货真价实的“猎犬”后，还有机会接受最好的培训，成为公司的好苗子。

马云严厉对待团队中的“野狗”，同时也为此制定了严格的员工守则。他说：“善待犯错误的人，是对的，但是绝不容许那些‘野狗’破坏团队，破坏公司利益，对这些人绝对不容忍。所以在具体规章制度方面，阿里巴巴有许多硬性规定：不能作假、不能作弊、不能欺骗客户、不能夸大服务，不能给客户回扣，不能为客户垫款。”

为什么要杀掉“野狗”？“野狗”的业绩虽然非常好，但不讲团队精神，不讲质量服务，这些人短期来看很有用，但是长期来看，会对团队造成严重伤害。

公司中业绩好、价值观也好的人被马云称为“猎犬”型人才。对于马云来说，“猎犬”型人才需要具备如下几个条件：

1.诚信和热情是员工最基本也是首要的素质。这种品质之所以重要，是因为它对一个人来说有就是有，没有就是没有，而没有是很难培养的。

2. 员工要乐观上进，健康积极，有朝气，对互联网行业充满兴趣与激情，渴望成功。

3. 员工要有适应变化的能力，具备较好的专业素养和职业修养，善于沟通协作。

4. 员工要富有学习的能力和好学的精神。

马云对于阿里巴巴的“猎犬”，设置了很严格的招聘程序。马云认为，对于进入公司的人才，阿里巴巴要对他们负责，如果简单地招进来，不满意就解聘，那给这些人带来的不仅是经济成本损失，还有机会成本损失。

金庸曾给马云题过一幅字：“善用人才为大领袖要旨，此刘邦、刘备之所以创大业也。愿马云兄常勉之。”马云将它挂在办公室前面的墙上，作为对自己的一种提醒。

马云重视用人，并坚持务实原则，讲究实用主义。对于能力强但缺乏配合精神的人，无论其业绩多好，都要坚决清除；业绩差的自然会被逐步淘汰，只有可塑性强、肯上进的人，才是阿里巴巴需要的人才。

在用人上，马云有自己的判断、自己的标准，但前提都是对企业负责、为公司未来发展考虑，如果你不是他需要的人才，他就一定不会选择你，而一旦选择了你，就会不遗余力地培养你。对于雇用的人才，阿里巴巴采取的是“请进来、送出去”原则。“送出去”就是与一些MBA学校和培训班建立合作关系，把员工送出去学习。阿里巴巴成立了“阿里学院”，这样做的目的就是要让每一个人才在阿里巴巴实现增值。当然，阿里巴巴也会同时实现增值！

成功需要一帮人的帮扶

没有合作者就没有阿里巴巴

“当整个内部文化形成后，你的员工就很难被挖走。其实就像在一个空气很新鲜的土地上生存的人，你突然把他放在一个污浊的环境里面，工资再高，他过两天还是会回来。我是个浪漫主义的人，创办这个公司时，我希望它是一个世界级的中国企业，我把中国企业跟国外企业比较以后发现：中国企业很少注重使命感、价值观、理想、共同目标，而国外企业讲得最多的就是使命感和价值观。所以我常说，天下不可能有人可以挖走我的团队。”

阿里巴巴曾有令互联网同行羡慕不已的梦幻“4O”组合：CEO（首席执行官）马云、COO（首席营运官）关明生、CTO（首席技术官）吴炯和CFO（首席财务官）蔡崇信。

马云和蔡崇信在阿里巴巴刚创立时结识；关明生于2001年1月加盟阿里巴巴，曾在通用电气等世界500强企业中担任要职；2000年5月加入阿里巴巴的吴炯，则是雅虎搜索引擎的发明人。

4个聪明人凑在一起，人们并没有看到别的网络公司高层常有的动荡与纷争，阿里巴巴仍坚定地向一个目标挺进，原因何在？因为马云要求每一个员工既有能力，又能坚持公司不变的愿景、使命和价值观。

如果说早期创业时的李琪和孙彤宇是马云的左膀右臂，那么，蔡崇信和关明生则是使阿里巴巴的辉煌持续到现在的关键人物。

蔡崇信在阿里巴巴刚成立时加入，任CFO。他的到来，使阿里巴巴真正开始了规范化运作。蔡崇信放下70万美元的年薪，投奔马云，每月只拿

500元人民币的薪水。在湖畔花园，蔡崇信和第一批员工讲股份、讲权益，将18份完全符合国际惯例的英文合同，让马云和“十八罗汉”签字。

如果没有蔡崇信的加入，阿里巴巴会是一个家族企业，会一直以“感情”和“义气”来维持团队。蔡崇信将阿里巴巴做成了规范公司，并以正式合同的形式，将最初的创业团队绑在了一起。这是至关重要的一步，阿里巴巴因此能将最初的创业激情和团队文化一直维系下去。

或许阿里巴巴以后会遇到很多风险和困难，但是现在，马云这个“苦行僧”并不孤独，他拥有一群志同道合的同行者，伴随他走过了难忘的风雨征程。正是这些和马云有着共同梦想的创业者们推动着阿里巴巴的不断发展和壮大。

平时，马云说到他们的团队时总是自豪之情溢于言表，他说自己是个非常幸运的人，在深陷困境的时候总能遇到好人。这一切都是人际关系，是友谊，是合作伙伴关系。没有合作者就没有阿里巴巴，而没有马云的话，还会有另一个阿里巴巴。

共享荣誉，不争功抢劳

在中国企业中，常常发生有了功劳归领导，有了过错则推给下属的事。这是很不好的现象。一个高明的领导，不但会与下属一起分享功劳，有时还会故意把本属于自己的那份功劳让给下属。从此以后，还有哪个下属不肯全心全意地替他卖命？这绝对是最高级的用人术。

马云是一个懂得管理之道的人。他说：“我从来就不承认自己是什么知识英雄。阿里巴巴今天的成就是很多朋友的功劳，不是我一个人的；我不过是做了5%的工作，朋友们做了更多默默无闻的工作，他们把我推上前台，我只是他们的代言人，我只是出来练练。”

总是把功劳推给下属，所以马云能聚人、留人。一位著名的美国橄榄球教练保罗·贝尔在谈到他的球队时说：“如果有什么事办糟了，那一定是我做的；如果有什么差强人意的，那是我们一起做的；如果有什么事做得很好的，那一定是球员做的。这就是使球员为你赢得比赛的所有秘诀。”这是一种很高尚的个人风范，这种共享荣誉的精神鼓励了球队里的每一个人，能做到这一点，球队每战必胜也是在情理之中。

在企业中，领导也要有这种和员工共享荣誉的精神和敢于为下属承担责任的勇气。领导被授权经营管理，无论获得成功还是失败，都负有不可推卸的责任。即使是员工的失误，也有领导失察、指挥不当、教育不够的责任。对荣誉，领导当之无愧，但通往荣誉的路途仍离不开团队的协作、配合。所以，与下属共享荣誉，是领导应该做到的。

共享荣誉，是领导者在获得各种荣誉后，以各种形式让下属分享荣誉带来的喜悦，这会使下属得到实现自身价值和受到领导器重的满足，这种满足在以后的工作中会释放出更多的能量，也无形中冲淡了人们普遍存在的对受表彰者的嫉妒心理。

例如，不少主管拿到上级奖金后，请贡献大的中层干部、骨干员工到饭店“撮”一顿，这实际上也是共享荣誉，是物质的，更是精神的。一位获得上级表扬的厂长在全厂大会上讲话，他不是泛泛地说“成绩是归于大家的”这种套话，而是颇有感情地把所有在工作中有突出贡献的员工的事迹一件件列举出来，连一位员工休假时提前上班的事也提到了。最后，他说：“荣誉是全厂员工的，没有你们的努力，就没有今天。”他一边讲一边向大家鞠躬，然后又提议全体职工高唱《十五的月亮》，当唱到“军功章上有我的一半，也有你的一半”时，厂长的眼睛湿润了，大家的眼睛也湿润了。可以肯定地说，厂长的话起到了巨大的激励作用。

试想，如果这位厂长将光环紧紧地罩在自己头上，将一切成绩归为己有，那不但容易树立对立面，而且也会使员工失去继续努力的积极性。

与下属共享荣誉，而不是争功抢赏，可以用自己的人格力量感召下属，鞭策和激励他们，调动员工的积极性，让他们最大限度地发挥出自己的才智，促成事业发展。

成功需要一帮人的帮扶

现实中，很多企业管理者都有这样一个误区：只要自己有资金、有设备，企业就一定能够发展，就一定能在市场竞争中立足。这样的管理者犯了一个错误，那就是忽视了人的作用。

马云说："少林派很成功，不是因为某一个人很厉害，而是因为整个门派很厉害。不管什么挑战，大家一起手拉手，拉一拉。一个人在沙漠走路是慌的，手拉手是不可怕的，当然不能手拉手往回逃。在巷子里面，进去了也就进去了，如果一个人往回逃，那么大家都会往回逃。"

单枪匹马是做不成任何事情的。在专业化分工越来越细、竞争日益激烈的今天，一个人的力量难以面对千头万绪的工作。一个人可以凭着自己的能力取得一定的成就，但是如果把你的能力与别人的能力结合起来，就会取得更大的令人意想不到的成就。

团队合作是阿里巴巴企业文化的重要内容，其关于"团队合作"的阐述是：共享共担，平凡人做非凡事；乐于分享经验和知识，教学相长；以开放的心态听取他人的意见；表达观点时，直言有讳；在工作中，群策群力，拾遗补阙；不是自己分内的工作，也不推诿；决策前充分发表意见，决策后坚决执行；有主人翁意识，积极参与，促进团队建设。

马云重视团队，也很了解团队的意义，他说："什么是团队呢？团队就是不要让另外一个人失败，不要让团队里任何一个人失败。用价值观来统一思想，通过统一思想来影响每一个人的行为，最后形成合力。"

在阿里巴巴，不能和团队合作的员工是待不长的，不能与人无私分享的员工也留不下。在阿里巴巴，每个员工都很重要，不管你在哪里，都是团队的成员，都应该全力发挥团队的功能。

正如马云所说的"我成功背后有一帮很棒的人"，其实，任何人的成功都离不开他人的支持，没有朋友、家人，以及创业团队的支持，是很难取得成功的。

诺贝尔经济学奖获得者莱因哈特·赛尔顿教授有一个著名的鹰鸽博弈理论：假设有一场比赛，参与者可以选择与对手合作，也可以选择竞争。选择合作策略是可以避免对手之间浪费时间和精力的消耗斗争，可以像鸽子一样瓜分战利品；但如果选择的是竞争策略，那么双方必定会因为争夺战利品而像老鹰那样斗个你死我活，即使是获得胜利，也会被啄掉不少羽毛。有好多人都担心抱着双赢的态度会让自己吃亏，但实际上正如你对镜子笑，镜子才会对你笑一样，双赢的合作态度是可以相互感染的。

在团队中，如果没有其他人的协助与合作，任何人都无法取得持久性的成就。当两个或两个以上的人在所有方面都联合起来，把工作建立在和谐与谅解的精神上之后，这一团队中每一个人的成就都会倍增，能力也会成倍地提高。

释迦牟尼曾问他的弟子："一滴水怎样才能不干涸？"弟子们面面相觑，无法回答。释迦牟尼给了他们答案："把它放到大海里去。"一个人再完美，也只是一滴水；而团队就是大海，一个人只有融入团队才能最大限度地发挥他的潜能，才能实现他的人生价值。如果工作中我们只会自己埋头单干，不懂得依靠团队的力量，那么我们的忙碌很有可能只是低效率的蛮干。

在市场竞争中，有冲在市场一线的销售人员，也有在后方从事产品研发的技术人员和从事制造的一线工人。产品是生产部门生产出来的，却是市场部门销售出去的；生产部门是需要花钱的部门，市场部门是挣钱的部门。生产的资金需要市场部门从市场上赚回，但市场部门销售的商品需要生产部门提供。生产与销售，有如后方与前方，又如军队的保障与作战，是两个不可或缺的轮子。正是这样一条完整的链，构成了企业参与竞争的全部家底。

团队的合作力量是无往不胜的坚强后盾，群蚁可以打败巨蟒，群狼可以天下无敌。一个人能力再强，也只有当他融入团队后才能发挥出最大的力量。背靠着团队的强大力量，单个的忙碌才不会变成杯水车薪，才能忙到点子上，才能把每个人的忙碌汇成大海，浇灭一切瞎忙的火焰。我们在夺取成功的道路上，一定要学会与人合作。

带头向前冲，比任何命令都有效

在位于杭州湖畔花园的马云家中，马云在阿里巴巴第一次全体员工大会上发表演讲时鼓励大家："黑暗之中我们一起摸索，一起叫喊，我喊叫着往前冲的时候，你们什么都不会慌了。你们拿着大刀，一直往前冲，十几个人一起往前冲，有什么好慌的！"

马云的话说明了一个道理，最有效的指令一定是带头往下跳的行为影响力，也就是领导的真正魅力。领导光会喊口号，却没有一点带头往前冲的魄力，很难得到员工的真心追随。领导者若是一只肯带头的狮子，即便它领导的是一群羊，它的团队速度也一定比别的羊群快很多。

第二次世界大战时，随着战争局势的变化，盟军与德军的战场逐渐转移到北非。盟军最优秀的将领之一，巴顿将军意识到自己的部队可能无法适应北非酷热的气候，一旦移师北非，盟军士兵的战斗力就有可能随着酷热的天气而减弱。

战争不会随着人的意志而转移，摆在盟军面前的只有一条路：那就是适应。为了让部队尽早适应战场变化，巴顿建立了一个类似北非沙漠环境的训练基地，让士兵们在48摄氏度的高温下每天跑1英里，而且只给他们配备一壶水。巴顿的训练演说词就是："战争就是杀人，你们必须杀死敌人；否则他们就会杀死你们！如果你们在平时流出一品脱的汗水，那么战时你们就会少流一加仑的鲜血。"

虽然人人都意识到战争的残酷性，但酷热的天气还是让许多士兵暗地里抱怨不已。巴顿从不为训练解释，他以身作则，和士兵们一样在酷热的环境中坚持训练。当士兵们看到巴顿每次都毫不犹豫地钻进闷罐头一样的坦克车中时，再多的怨言也只能变成服从。

显然，巴顿把自己当成一个普通的士兵，他以完美的职业军人精神树立了典范，起到了榜样作用。在巴顿的带头作用之下，整个军队的训练进行得非常顺利。正是有了这样的训练，在随后的北非战场上，巴顿的部队迅速适应了沙漠环境，以较小的代价一举击败德军，取得重大胜利。

企业也是军队。企业领导者也必须像巴顿将军一样，成为榜样，才能促进团队成长。伟大的公司必然是一个积极的、开放的、沟通顺畅的组织，这些优秀的组织更趋向于积极地经营、管理和运用员工的天才和潜能。他们将许多精力放在识别员工的潜力方面，根据他们的个体差异，有针对性地提供专门培训，竭尽全力促进他们成长。更为重要的是，这些组织的领导者会以身作则，成为下属学习的榜样，使自己成为他们的火车头。

因此，要激发团队的斗志，最简单的方法就是带头往下跳，自己不率先显现出一种气魄，又怎能去感染人？优秀的管理者十分重视这一点，总是以身作则，显现出与常人不同的气质，用个人的魅力去感染人，达到一种无声胜有声的理解和交流，这比任何命令都来得有效。

浮沉时代，做好员工的孵化器最关键

员工需要以“薪”换心

收入和理想你都得要有，软硬两手抓。光讲收入的话，人家一定能把你的员工挖去；光讲理想，一开始可以，后面大家饿了，还是走了。所以你在从理想到实践的过程中，要确保员工收入也是每年在提高。

员工对优厚报酬的追求是永恒的，只有在充分认识到员工的物质需求后才能进行有效的激励。团队管理应遵循的一个基本原则就是不断满足员工日益增长的物质需求。

虽然拿破仑说过：“金钱并不能买来勇敢。”但为了保持部队的士气，他还是慷慨地给立下赫赫战功的官兵丰厚的物质奖赏。单单在征服普鲁士、打败俄国，签订《提尔西特条约》后，拿破仑就一次奖励给内伊元帅30万金法郎、贝尔蒂埃元帅50万金法郎、达乌元帅100万金法郎，其他实际参战的将士和军官也都获得了奖赏。

在经营管理史上，首先用高薪的是福特汽车公司的奠基人亨利·福特，他也用高薪赢得了高效。在引进流水线生产汽车后，福特进行了一项创新：每天支付给员工5美元的工资。当时美国人的平均日工资大约是2美元，听到这个消息后很多人嘲笑他：“福特疯了，如此高的工资水平将使他破产！”但是，求职者却因为5美元的日工资而在工厂外排起了长队。

尽管工资大大提高，福特公司的生产成本竟然还是减少了。正如福特所说：“这是我们做出的最成功的降低成本的方法之一。”福特付出高工资的决策与采用流水线的生产方式是密不可分的。因为流水线高度依赖工人，假如一个工人旷工或工作缓慢，其他工人就无法完成他们的任务。所以说，这种生产方式需要高素质的工人，而且要员工保证出勤率。为了达到以上几点要求，最好的手段莫过于给员工支付高薪。实践证明，福特公司工人的流动率下降了，缺勤率下降了，生产率也大大提高了。

与福特公司一样，美国跨国公司辉瑞制药有限公司的成功也是源于给员工高薪。辉瑞制药有限公司中国区的人力资源总监在接受记者采访时曾说：“作为一名在辉瑞工作多年的员工，辉瑞吸引我的主要原因之一就是它可以满足我的物质需求，通过在辉瑞的工作，我可以有不错的收入来维持我的家庭稳定并且过着体面的生活。其实，员工为什么在这家公司工作，说到底是公司可以满足他们的期望。很多领导者擅用权威式的领导让员工服从，实际上这样做不仅抑制了员工的工作热情，而且这种方法也只适用于少部分的员工。让辉瑞的员工忠心耿耿的秘诀在于让员工满意。其中，满足员工物质的需求是一个重要因素。”

在现代企业的管理中,金钱是员工的最根本需求之一。企业要想保持活力就要以"薪"换心。无论对谁,更高的收入总是很有诱惑力的。不管领导者用多么好听的言辞表示感谢,员工最终期望的还是得到自己应得的薪酬,使自己的价值得到体现。

致鱼者先通水,致鸟者先树木

马云觉得21世纪人才最重要,对阿里巴巴来讲,期权、资本都无法和人才相比。员工是公司最好的财富,有共同价值观和企业文化的员工是最大的财富。

对于所有在阿里巴巴门口徘徊的人,马云表示只要是人才,他都要。2004年,阿里巴巴在广告上没有花钱,但在员工培训上花了几百万元,马云觉得这将给公司带来最大的回报。阿里巴巴有120万名会员,连续两次被哈佛评为电子商务领域"全球最佳案例",连续两次被《福布斯》评为"最佳B2B网站"。在电子商务领域,阿里巴巴会员数为全世界第一位。没有优秀的员工,企业根本没法做到这些。而这些成绩,正是因为马云把钱投在员工身上才赚到的。

员工决定企业的成败,员工弱则企业弱,员工强则企业强,员工进步,企业才能进步。明白了这个道理,企业管理者要重视员工的培训,在不断改善员工的薪资、工作环境的同时,也要加大培训力度,以员工的进步推动企业的进步。

曾经见过这样的一道题:对岸鲜花盛开,四季如春,恍如天国,毛毛虫要去对岸生活,可是一条大河挡住了去路,毛毛虫怎样才能过大河?答案是千奇百怪的:有的说游过去,有的说搭船过去,有的说趴在别人身上过去,有的说从地图上爬过去,还有的说落在树叶上飘过去……但最美妙的答案是变成蝴蝶飞过去。从一个小小的卵开始,毛毛虫经历多次的蜕皮,长大,成蛹,在某个风和日丽、花香弥漫的日子,毛毛虫变成了美丽的蝴蝶,在众人的羡慕眼光里，带着尊严与喜悦翩翩飞过大河，到达了鲜花盛开的彼岸。

毛毛虫可以跨越这条河，因为它实现了对自我的突破和超越，它已经不再是毛毛虫，它已经变成蝴蝶了。毛毛虫不能越过这条河，但是蝴蝶可以飞过这条河，突破与超越自我后，也就到达了成功的彼岸。在职场中，员工也会遇到与毛毛虫一般的瓶颈，这就需要企业对员工进行培训，在他们遇到坎的时候，领导者要教他们一些应对之道。

在日本的企业里，当有新的工作需要时，一般是重新培训现有的员工，通过内部调节来满足需要。企业认为，对已具备本企业工作所需的软知识和软技能的员工进行培训让其学习某项硬技能，比让一个具备某项硬技能的外来人重新学习和掌握本企业的软知识和软技能更快、更合算。在日本企业中，外部招聘来的管理人员或专业人员，无论其能力多强，均需在企业工作相当长一段时间后，才能熟悉企业内部的制度和体系，才有可能得到提拔。日本企业认为，只有对员工进行培训，他们才能彻底地融入公司里。

与日本企业同样看重培训的惠普公司以“不仅用你，而且培养你”著称。在惠普公司的理念中，员工培训被认为是投入产出比最高的投资。

惠普培训过程由“硬”到“软”，不断深化。先是从业务知识培训开始，然后逐步上升到对沟通技巧、文化、思维等方面的培训。这种培训思路体现出惠普在培养人才方面的一种哲理——打造全方位人才。惠普的领导者认为，拥有高素质人才，才是企业腾飞的基础。

员工进入惠普，一般要经历四个成长阶段：第一阶段是自我约束阶段，不做不该做的事，强化职业道德；第二阶段是做好本职工作，加强专业技能；第三阶段是进行自我激励，不仅做好自己的工作，而且要思考如何为团队做出更大的贡献，思考的立足点需要从自己转移到整个团队；最后一个阶段是自我学习阶段，学海无涯，随时随地都要找到学习的机会。正是由于员工的不断成长，惠普在市场上才屹立多年不倒。

“欲致鱼者，先通水；致求鸟者，先树木。水积而鱼聚，木茂而鸟集。”

企业要壮大人才队伍，必须舍得投入。对员工进行培训，可以防止员工知识老化、能力退化、观念僵化。使员工不断更新观念，必将有效提高团队的创新能力。培训是最好的投资，也是送给员工最好的礼物。

微笑示人

2017年6月的一天，马云现身纽约街头。他脚穿老北京布鞋，衣着朴素，但气场却实足。

身价千亿，但他不张扬、不发狠斗勇，而是平易近人。他知道，一个人的影响力不是靠你穿得多好，说得多好，而在于你的内在形象。在公司里，马云就像个闲不住的大男孩，是整个公司的“开心果”。虽然每天处理各种事务，但马云非常注意控制压力的范围，绝少向员工传递。这也使阿里巴巴的3000名员工都是“快乐青年”。

马云说，压力是自己的，不应传染给员工。他一直和同事说，没有笑脸的公司其实是很痛苦的公司。他说自己最喜欢猪八戒的幽默，他是取经团队的润滑剂，西天取经再苦再累，一笑也就过了。

在2005年第五届的“西湖论剑”上，马云跷着二郎腿与克林顿对话。在听张朝阳、丁磊、马化腾、汪延和经济学者张维迎等论战到激烈之处时，他从台下顺手抄起一把凳子就扔上台，然后一个箭步冲了上去，这番滑稽动作引起观众一阵大笑。杭州市民偶尔也可以在大排档里见到他，喝得微醺，跟一大帮人神侃瞎聊，手舞足蹈，俨然一个小市民的形象。

马云认为不仅领导者要如此，员工也要每天快乐地面对工作。他说，判断一个人、一个公司是不是优秀，不要看他是不是哈佛，是不是斯坦福，不要看里面有多少名牌大学毕业生，而要看这帮人干活是不是发疯一样地干，看他每天下班是不是笑眯眯地回家。

只有让员工快乐并努力工作的公司才是好公司。马云认为，员工工作的目的不仅包括一份满意的薪水和一个好的工作环境，也包括在企业中能快乐地成长。

在他的心目中，没有员工，就没有阿里巴巴。只有员工开心了，客户才会开心。而客户们那些鼓励的言语，会让员工发疯似的工作，这也使得阿里巴巴得到了不断的发展。在阿里巴巴，员工可以穿旱冰鞋上班，也可以随时到马云办公室。马云说，总之一定要让员工快乐起来。

卡耐基说："笑是人类的特权。"微笑是人的宝贵财富，微笑是自信的标志，也是礼貌的象征。人们往往依据你的微笑来获取对你的印象，从而决定对你的态度。

美国联合航空公司有一个世界纪录，那就是在1977年载运了数量最多的旅客，总人数是5566782人。联合航空公司宣称，他们的天空是友善的、微笑的天空。的确如此，他们的微笑不仅仅在天上，而是从地面便已开始了。

有一位叫珍妮的小姐去参加联合航空公司的招聘，她没有任何关系，完全是凭着自己的本领去争取。最后她被聘用了，其中一个很重要的原因是珍妮小姐脸上总带着微笑。

令珍妮觉得奇怪的是，在面试的时候，主考官在讲话时总是故意把身体转过去背着她。你不要误会这位主考官不懂礼貌，他其实是在体会珍妮的微笑，因为珍妮应聘的职位是通过电话工作的，是有关预约、取消、更换或确定飞机航行班次的事情。

那位主试者微笑着对珍妮说："小姐，你被录取了，你最大的优势是你的微笑，你要在将来的工作中充分运用它，让每一位顾客都能从电话中体会出你的微笑。"

由此可见，微笑不仅能给你的工作带来极大的便利，生活中多一些微笑也会有神奇的变化发生。而且，微笑是一家公司选拔人才的重要参考标准，同时也是优秀员工必备的职业素质。

平庸的领导不懂得微笑的神奇作用，因而，他们往往不能够以微笑示人。优秀的领导知道微笑的神奇魔力：微笑会使你灰色的心情变得明亮，也会使你灰暗的工作和生活变得丰富多彩，还可以让你的员工感到轻松。所以，用微笑去面对你的员工吧，这样你就会成为最受欢迎的人，你的工作才能更容易取得进展。

双重的激励方式最有效

奖金不是福利。奖金是通过努力挣来的，它不可能人人都有，也不可能每个人都一样。它不是工资的一部分，而是因为你的业绩超过了公司对你的期望值。请特别注意这一点。

马云认为，没有所谓的最好的薪酬。阿里巴巴永远不会因为竞争对手和行业的做法而加薪，这只会引发恶性竞争和不健康的行业格局。阿里巴巴的薪资水平总体是合理的，有竞争力的，除了合理的基础收入，所有阿里人都能够公平地分享公司成长带来的财富，实行奖励期权政策，旗下的各子公司也已在开始制订各自的股权激励计划。

阿里的这种激励员工的机制可以说是最有效的，人要生存，要发展，精神是支撑，物质是保障，兼顾员工精神和物质的双重激励，才是最有效的激励方式。它让员工明白，工作不仅是一种谋生手段，还能满足员工自我价值的实现。

人才是事业成败的关键。良性的激励机制，要能够充分调动员工内在的工作激情，为他们提供一个能充分发挥优势的空间，并构造一个科学的人才晋升渠道，使公司的激励制度蕴含巨大力量。

优秀的企业管理者，总是善于通过有效的激励机制来“释放”员工的工作积极性，使员工自觉摒弃安于现状的心理，积极进取。

《乔家大院》所讲述的历史背景是在清朝末期，那时还没有成熟的现代企业制度，所有的商业都是传统的家族式管理，传男不传女。乔致庸的过人之处就在于他很快发现家族管理的弊端：论资排辈，伙计居于最底层，很多优秀的伙计不为老板所重视。他意识到，很多能干的伙计对钱庄业务的发展至关重要，如果能够“激活”这些能干的伙计，钱庄的业务将实现重要的突破。于是，乔致庸果敢起用新人，从内部挖掘出28岁的马荀。马荀干过10年学徒、4年跑街，他个人揽下的生意占钱庄生意的80%，显然是钱庄里跑得最快的“千里马”。后来钱庄的发展证明了乔致庸的眼光，马荀这匹优秀的千里马成功地进入了接班人的行列，使钱庄起死回生。

马荀使乔致庸尝到了甜头，他以“伙计身股”实现了企业原有体制的创新。这个创新为钱庄生意带来了显著的变化：伙计与掌柜甚至东家平起平坐，被尊重感增强；钱庄效益和员工效益有机地结合在了一起，极大增强了伙计们干活的积极性，钱庄生意更加兴隆。

由此我们看到，如果一个公司缺乏内部激励机制，就不会拥有富有活力的企业文化，员工就会丧失工作的热情和欲望。只有科学有效的激励方式才能激起员工的进取心，企业才会有活力。

第四章 不能靠脸吃饭，那就靠才华

90%的生意是“谈”出来的

别人听得舒服，你的想法才能被接受

一个人纵使学富五车，满腹经纶，如果表达不出来，那么他的魅力就会大打折扣。尤其是处在现在这样一个高速发展的时代，厉害的人比比皆是，那么怎样才能在芸芸众生中脱颖而出，让别人选择你，认同你？口才的力量是毋庸置疑的。

创业伊始，马云没有任何资源，仅仅凭着三寸不烂之舌，用6分钟时间就搞定了投资方；互联网寒冬的时候，马云凭借口才，用激情点燃了阿里巴巴人的斗志，从而带领着大家走向春天；淘宝商城事件中，马云的一席话就安抚了有意见的用户，稳住了他们的情绪，赢得了重回谈判桌的机会……

世界上90%的生意是“谈”出来的，会说话才是硬道理！马云的成功与他的口才不无关系。可以说，如果没有超凡的口才，马云未必能够取得今天的辉煌，至少，他的事业不会那么顺利。下面是马云在《赢在中国》中的两段点评，看了之后就能对马云的说话之道有个大概的了解。

马云点评1:15号选手(张维勇)，你要走的路还很长，也许你要有心理准备，你可能是屡战屡败，也还要走下去。我听你讲得有点像县委书记讲形势报告，听起来全对，但又不知道怎么做。你的问题听起来不独特，你非常捍卫自己的内容，讲的都是对的。我讲的话也许是错的，但一定是自己真实的想法，我不担心自己是错的，我今天的想法就是这个。一个项目、一个想法如果不够独特的话，很难吸引别人。我感觉你讲的东西从项目到计划，到你刚才讲话的所有逻辑，我找不出错误的东西，但我却觉得一定是错误的。这是我的想法，你回去想想。做战略最忌讳的是面面俱到，一定要记住重点突破。

马云点评2：我觉得我们红队这次确实像刚才4号队长（张华）讲的一样，整场比赛并没有什么大的不好的地方，大家都很认真，过程也不错，理念搞得也很好，但结果却失败了。4号队长（张华），我觉得你这几场的比赛，尤其在这场你有一个问题是面面俱到，但其实做战略最忌讳的就是面面俱到。一定要记住重点突破，所有的资源在一点突破，才有可能赢，面面俱到那就不可能赢。所以我想给你一个建议，讲话也好、做队长也好，要明白我的出发点在哪里，进攻点在哪里，这才是真正的战略要素。

马云讲话生动，不枯燥，让对方永远都有听下去的欲望，而且他姿态很低，很少或基本不用命令的口吻跟对方说话，这样会让对方觉得自己受到了重视，内心产生认同感。

一般来说，在大众的认知里，评委的地位是高于选手的，一般都是事业有成的人，而选手则多半是刚入行的新人。在他们彼此的内心中，也差不多是这个等级分别。评委大多会觉得自己比选手更厉害些，选手也多半会认为自己不如评委。但我们看马云的这两段点评，虽然也是给对方提意见，但并没有一种高高在上的感觉，而且简洁易懂，让人有听下去的欲望，更重要的是他言之有物，可以让人获得启发。马云的这两段点评让听者舒服，也更容易让听者接受。

与人沟通，其目的就是获得对方的认可，有的是让对方接受我们的观点，有的是让对方接受我们这个人。因此，我们在表达自己的观点的时候，就要像马云一样，说对方能够接受、说对方听起来舒服的话，说一些言之有物的话。只有这样，对方才愿意听我们说话，才会给我们获得他认可的机会。

按照自己的角度讲话，没人感兴趣

马云是一个商业精英，同时也是一个营销高手。他总是能够在第一时间抓住别人的注意力，让人听他的，为他所用。能够做到这些，就在于他那绝妙的口才。

马云能说，更是会说。一样的道理，他可以说得很简练也很有感染力。一样的故事，别人讲出来枯燥，但经过马云的口之后，便会生动起来。这就是马云的魅力，永远都能吸引到别人。

在营销上，马云也有很强的实力。一般人在向别人推销自己的商品的时候，总是说我们如何如何好，觉得这样别人便会认可自己的商品。却不知这其实并不是好的办法，因为人们在做决定的时候，考虑的并不是将要选择的到底有多么好，而是能够给自己带来多少利益，或是能少去多少麻烦。如果总是按照自己的角度讲话，没人会感兴趣。

在这方面，马云就做得很好，下面是他的一些讲话，我们可以看看马云是如何介绍自己的优势：

"我们第二步，是如何让那些诚信的网商富起来，邓小平说让部分人先富起来，我们希望是让诚信的网商富起来。"

"阿里巴巴希望让信用等于财富。几年前也是在网商大会上，我们呼吁银行全力支持中小企业，但是银行有自己的难处。谁没有难处，所有人都有自己的难处，它们的模式很难让它们真正地服务好网商、服务好中小企业。"

"所以，阿里准备在这里全面挺进，不是因为我们想挣更多的钱，而是我们觉得在这个时代，我们需要用互联网的思想和互联网的技术，去支撑整个社会未来金融体系的重建。"

"在这个金融体系里面，我们不需要抵押，我们需要信用，我们不需要关系，我们需要信用，我们不需要你挣多少钱，我们需要你踏踏实实地为客户服务。"

"两年的试验告诉我们，我们近几百名员工，完成了给15万家企业贷款，平均每家企业贷到的款是4.7万人民币，这只是刚刚开始，我们将用最好的技术，评价信用，让在座的以及无数网商群体们能得到金融服务。"

“你们是中国的希望和未来，我们能做的只有努力和帮助你们。当然，帮助大家也是帮助我们，我们不希望亏本，我们也不会亏本，不赚钱是不道德的。”

“在这个金融体系里面，我们不需要抵押，我们需要信用，我们不需要关系，我们需要信用。”这句话虽然都是在夸耀自己的优点，但却能引起别人的共鸣。关键就在于他是在夸自己，却是从别人的角度夸的。很多人介绍自己公司多么好，都是说我们的市场占有率有多高，但那是你们公司的事情，跟其他人无关，无法引起别人的共鸣。但马云的这几句话不一样，他列举的公司的优点都是跟用户息息相关的，都涉及用户的利益。

当用户听到他的这几句话之后，脑海里马上就会出现这样的画面：开实体店要筹备注册资金，资金不够的还要找各种关系帮忙筹划。这些都是麻烦，而且是极其麻烦的。当人们的脑海中出现这些麻烦之后，自然就愿意选择马云了，而那些已经选择了马云的则会很庆幸，认为自己做了正确的选择。

这就是马云的营销术，不是从自己的角度出发，而是从别人的角度出发。当我们给别人带来便利的时候，别人是一定会认同我们的。如果我们只是陈述属于我们自己的、与别人无关的便利的时候，那人家自然不会认同我们。

没有人愿意为别人的优秀买单，人们只愿意为自己的优秀买单。所以，要想让人与我们合作，就要强调我们可以给他们带来便利。从这个角度来介绍，自然就可以很容易地将问题解决了。

让人产生代入感，说服力加倍

很多人都想让自己的语言变得生动，但却不管怎么努力都不得法。其实，让语言变得生动些也并不难，多用些比喻就好了。

直陈道理是一种逻辑式的思辨，虽然严谨但枯燥。这样的话或许让人挑不出毛病来，但却很难让人喜欢。而多用比喻就不一样了，用比喻来说明一个问题，是用语言给听者营造了一个情景，这情景很多是听者曾经经历过的或者听别人讲述过的，因此会有一个比较直观的认识。虽然比喻没有直接陈述逻辑那么严谨，但它更形象，更生动，更吸引人。这就是比喻的长处了，更容易让人有代入感。

一个讲话高手，必然是一个善于运用比喻的人。马云就是这样的一个人，他讲话很随性，信手拈来，但又很生动，就在于他会运用大量的事例和比喻，能够瞬间让人产生代入感。

下面是马云在《马云与80后面对面》节目中跟观众的一次对话。

观众：马云先生你好，我从对外经济贸易大学毕业了，现在和朋友创业。有个现在困扰着我的问题想问您，永不放弃非常重要，但有时候要学会放弃，怎么在永不放弃和学会放弃之间找到平衡？你是如何在创业中找到平衡点的？如果说一年的目标是要赚到50万，如果没赚到50万的话，是不是大家就各自回家了？如果使命和价值观没有给你带来回报，你会持续吗？

马云：这个问题蛮好，永不放弃和学会放弃的区别。要想成功一定要永不放弃，克服各种困难，当你学会放弃的时候，你才开始进步。假如这是一堵墙，你要绕过去，你永不放弃地撞还是撞不过去，那就要学会放弃，退一步看一看边上再绕过去。

什么是战略？这张地图上看从杭州到北京就这么点路，但你走路的话都要走晕过去了。我告诉大家理想和现实是很远的。但是，我们学会什么东西该放弃，什么东西不放弃。我永不放弃的是我的使命、价值观，我宁可把公司关了，但我不会说为了赚钱我就放弃这些东西，全中国99%的企业在赚钱，但是他们可能未必会坚持使命，我以使命和价值观去赚钱的时候我心里踏实，我不会比别人赚钱多，但是我知道我赚得踏实。我是帮别人，我的团队讲究诚信，讲究拥抱变化，讲究团队合作，这使我觉得踏实。

这个世界上一定有人比你挣更多的钱，你刚才问是不是赚不到钱了我们就要放弃？绝大部分的企业这么看。我认为，我们做一件事情为社会做贡献，如果我们没赚到钱，这件事情一定没多大贡献，但是你赚了钱了也未必对社会有贡献。真的对社会有贡献的企业，最后一定是赚钱的，这是肯定的。要使命感、价值观整个体系建立起来，永远可持续发展地发展，离开这个你是走不远的。所以，练外形没有内功一点用没有，光练内功没有外形也没有用，得合在一起才是高手。

放弃和坚持，都是比较空泛的概念，但是马云用一堵墙来比喻，瞬间就让它们生动起来了。战略也一样，很多人都在提战略，可是少有人知道战略到底是个什么样子，马云用一个简单的比喻就让听众理解了。这就是讲话的技巧。

想要让别人专心听自己讲话，就要讲得生动，要抓住对方的内心。抓住对方内心的最好方式是营造一个固定的情景，让对方的思维在这个情景中发展。只有这样，才能保证他们的注意力一直在我们这里。

其实很多人也都明白这个道理，但却不知道怎么样才能做到。多了解些马云的说话方式，应该就能明白个一二了。

马云是一个讲故事的高手，之所以能够讲那么多故事，能够讲得好，主要有两点：一是有足够的知识储备，只有知道得多，才能讲出来得多。二是会运用语气。我们都有这样的经历，本来是一个非常有趣的故事，可是有些人讲出来，便觉得索然无味，其主要原因便是语气运用不得当。用朗诵的方式来讲笑话，效果自然是要打折扣的。

所以，要想让自己的语言变得生动，就要多一些知识的积累，只有这样才能在讲述一个问题的时候，能够想起来用什么去比喻我们将要讲述的道理。还有就是要注意语气上的变化。平淡的人生是很多人想要的，但平淡的语气却是很多人讨厌的。

自己不明白的领域不乱发言

孟子说，人之患在好为人师。这确实是很多人的通病。我们总是觉得自己是优秀的，可以完成很多事情，愿意到处发表自己的意见，当别人没有听从的时候，便会觉得那人蠢笨，或者觉得对方并没有将我们看在眼里。

其实，这是不对的。试着换位思考一下我们自己是否喜欢那种指指点点的人便能明白个中道理了。

一个真正成熟的人，便是不到处发表见解，不到处炫耀自己比别人更聪明、更强。成熟的意义不仅在于成长，更在于管住我们自己的嘴，不该说的话不要说，说话的时候要尽量考虑到别人的感受。

可是，很多时候即使我们不想说，别人也会问我们，要求我们进行指导。在这种时候，如何回答也是有学问的。不要因为别人主动来问，我们便觉得自己高高在上，别人问的未必就是我们懂的。因此，如果自己不知道的话，就不要乱说。最好的回答方式，便是只说自己懂得的那一部分，而不要对自己没有涉猎的方面横加指导。

在这一点上，马云就做得很好。很多人都觉得马云能给人口才好、有深度的印象是因为他有洞见。这自然是不差的，但并不是全部。马云能这么受欢迎，还在于他对自己有一个清晰的定位，更重要的是能管住自己的嘴，不说空话，不对自己不明白的领域乱发言。

在做客《对话》节目时，马云回答对一个观众提问的回答，是他在这方面表现的一个最好注解。

赵鹏：本地生活在变成一个新的电子商务浪潮的这个过程当中，您希望也有很多“小而美”的企业出来，我们也希望成为其中一个“小而美”或者“中而美”的企业，您能否提个建议，告诉我们千万别干什么？

马云：这是一个应该慎重对待的问题，你刚才讲这个事的时候，我在回忆2003年、2004年、2005年我在做互联网的时候。那时候我其实就记住一样东西，就是帮我的客户赚钱。淘宝在2003年成立，2004年时我没想过居然打败eBay。当时也只是乐趣而已，在特别痛苦的时候，想找一个对手折腾一下。但我真没想到可以把它捅翻掉，纯粹是因为它要打我，我才想折腾一下。但是心里我知道，只有淘宝的小卖家挣钱了，我们才有活下来的可能。让他们真正知道有你和没你是有区别的，你要全心全意帮他们成功。只有活得越长，你才有机会，千万不要去证明你的模式是对的。因为今天对的模式，3年以后可能是错的。你只要证明一点，就是帮客户成长。这一定是对的，这是我觉得要做的。

马云是行业内的老大，但他并没有以一个前辈的身份去回答这个问题。这就是低调，这种低调的背后则是严谨。

通过上面一段话可以看出马云一直在用自己的经历说事，这种态度就是好的。很多时候，即使跟我们的专业离得很近，也未必就是我们能掌握的。我们觉得的懂，很可能是一厢情愿罢了。这时候，就要管住自己的嘴，在不懂的领域尽量少发言。如果非要说，那么就结合自己的经历，说些自己曾经历过的、真正懂的。

要知道，对不懂的事不发言不丢人，对不懂的事乱发言才真正丢人。像马云这样虽然是互联网行业的大佬，但也是不去说自己经历之外的事情，这才是正确的态度。

我们给别人指导或者给别人建议，是为了帮助别人，同时也是为了展现自我。如果在不懂的领域胡乱说话，那么就不是展示自我了，而是暴露自我。这是最不明智的。

说自己该说的话，更要说自己能说的话，同时也要说自己懂得的话。人最忌讳的是觉得自己无所不能，觉得自己对哪个领域都有很深刻的理解。那样的天才或许也有，但未必就是我们。因此，还是低调些好，用自己的经历说事，不仅给人一种诚恳感，而且也真正能够给人帮助。说些空话，只会让别人更加讨厌我们。

世上没有完人，更没有先知，每个人都有自己的局限，承认这局限并不丢人，不承认这局限，用无知去卖弄才是真正的丢人。

当别人向我们请教的时候，一定要低调，不懂的不说，懂得的慎重说。这样才不会破坏自己的形象，才不会让人讨厌我们。

一句恰到好处的话，可以改变命运

真正的霸气不是发狠斗勇

说话不能假大空，要说真话，不要总是豪言壮语，这是我们要秉持的标准。不过，有时候如果语境需要也可以稍微做些改变。但是，要切记一点，不管如何改变，假话都是不能说的。真实，是永远都不能变的原则，哪怕是不得已的假话也不值得提倡。

一般来说，在需要营造情感氛围的场合，说一些豪言壮语是可以的。因为这时候群体的气氛需要点燃，我们必然要做一些贡献。不过这时的豪言壮语也是有讲究的，要谈自己的理想，不要刻意吹牛。吹牛就不好了。

要明白，谈自己的理想，传递出的是一种勇于追求的精神，是在表现一种大无畏的胆识，旨在幻想人们内心中的能量，激起人们奋斗的热情。而吹牛式的豪言壮语则不同，那是刻意表现自己的虚伪，不值得提倡，甚至都不应该去做。

在传递梦想方面，马云自然是佼佼者。很多人都说，马云就是靠贩卖梦想起家的。这并不是贬义，因为一个可以贩卖的梦想，必然是一个可以实现的梦想，这样的梦想是值得尊重的，也是我们应该追求的。而且，这样的做法不仅激起了别人奋斗的热情，更是让言说者显得更加霸气，有气场。下面就让我们看看马云曾经的讲话：

“奋斗的动力是什么？不是财富。我是商业公司，很喜欢钱，但我用不了多少钱，我不攒钱，我没有多少钱。从大的方面说，我真的就想做一家大的世界级公司，我看到中国没有一家企业进入世界500强，于是我就想做一家。”

“如果我早生10年，或是晚生10年，那么我都不会有互联网这个机会，是时代给了我这个机会。在制造业时代，在电子工业时代，中国或多或少都错过了一些机会，而在信息时代中国人有机会，我们刚巧碰到这个机会，我一定要做，不管别人如何说，我都要做下去。我觉得中国可以有进入世界500强的企业，我们学得快，在这个过程中，勇者胜，智者胜。”

“从小的方面说，既然出来了，那么就得做下去。89元的工资我也拿过，再过10年，可能我连平均生活水平都达不到。我不喜欢玩儿，有人为了权力，有人为了钱，但我没有这种心态。”

“说实话，为自己，为这个国家，为这个产业，一个将军的伟大，不是体现在冲锋陷阵的时候，而是体现在撤退的时候。网络不行的时候我真正体会到了如何做企业。2000年以前，我没有做企业的感觉，而现在我觉得自己是在做企业，而不是做生意。”

“我看到中国没有一家企业进入世界500强，于是我就想做一家。”“我觉得自己是在做企业，而不是做生意。”这是两句非常霸气的话，同时也是两句非常有感染力的话。我们每个人的内心都藏着一个野心，都幻想着自己能成为改变世界、受众人敬仰的人。这种话说出来并不丢人，而且，也会让我们显得更加霸气，更有气场。

要懂得，真正的霸气是把自己的宏愿表达出来，而不是发狠斗勇。人们觉得马云有强大的气场，是一个可以掌控局面的人，就在于他敢于传播自己的梦想。

不过，也要注意，不要总是将自己的梦想挂在嘴边，还是要分场合的。我们可以看到，马云在演讲的时候，霸气更多些，因为在众人云集的场合需要一种氛围，而在回答单个记者或观众提问的时候，还是以务实为第一标准。这就是一个度的问题。

豪言壮语不是不可以说，但是要分场合。场合用对了，那么可以提升我们的气场，让我们得到更多人的认可和尊重；场合不对，或者不管什么场合都挂在嘴边，便成了讨厌鬼。

豪言壮语，在别人眼里往往是吹牛

讲话要讲真话，不要讲空话，要保证原则，不要随意乱说，同时也要实事求是，少说些豪言壮语。

有些人特别喜欢豪言壮语，当别人做事的时候，他看着不顺眼，于是便开始说要是我会如何如何。在这些人眼里，讲这样的话说明自己有水平，但在旁观者眼里，这不过是在吹牛罢了，没有任何实际意义。

豪言壮语，一般都是说着舒服，但并不会给我们带来好处。前面说的是一种，还有虽然身份地位不怎么样，却总是把梦想挂在嘴边，而那些梦想又多半是不切实际的。这样的人，也难讨人喜欢。一般来说，只做不说的人，不会有人讨厌；边做边说的人，也不会有人讨厌；只有那些光说不做的人，才会让人觉得讨厌；而没什么本事，却整天豪言壮语的人，就更是让人讨厌了。

在这点上，马云就做得很好。以马云的事业、地位和影响力，是有资格说豪言壮语的，但他并没有那么做，依然是有一说一，不去刻意强调自己的厉害。在跟观众沟通的时候，马云秉持的就是这一原则。

观众：您当时创业是一种情况现在又是另外一种情况，如果您现在一无所有了，您还有豪言说自己想做创业教父吗？

马云：第一，我不知道创业教父是什么东西，我没有想过做创业教父。第二，每一代人都说我们这代人比你们那一代难多了，每一代人都那么说，但都超过了前一代。我可以说我今天的能力比10年以前强多了，但以今天的能力从10年以前再走一遍一定走不过来，因为很多天时地利人和过去了。大家看到今天的我，但我希望大家看到10年以前的我，10年以前的我和你们一样，甚至比你们还糟糕。我好几次想考对外经贸大学但是考不上，那是我10个理想中的大学之一，但没考上过。

这10年走下来犯了很多错误，绝大部分人犯的错误我犯了、没犯过的我也犯了。我不想说自己多么能干，没有我的团队就没有这个时代，没有互联网就没有中国现在的发展。

我父亲跟我说过，如果我早生20年就要被抓进去了。晚生20年的我会坐在这跟那个被抓的马云对话。今天时代给了机会，每个人都有自己的机会，别告诉我今天比10年以前要难多了，越来越容易。总有机会，你如果去找，一定会有机会。假如回到10年以前，我还会走这条路，但会不会这样走？ 6年以前我决定做支付宝。前两天在听支付宝的会议时我胆战心惊，听不懂，两天内没有听懂他们讨论的问题，无论是技术、安全、设施、合作伙伴，还是技术等复杂的问题都没听懂。6年前如果知道那么复杂，我敢干吗？无知者无畏，干了，干到现在这么大，只能搞下去了。

马云的过人之处就在于，他总是强调自己的成就是由于时代与运气，但人们听了他谦虚的话后，却觉得他是一个天才。这样的现象，跟马云的讲话方式是分不开的。

我们总是喜欢低调的，尤其是那些低调的有成就者。马云深谙这一点，所以从不张扬。但不张扬并不等于不表现。

仔细看上面马云的话，就会发现马云真的很厉害。他一直说自己是个普通人，但同时也一直在描述自己这些年做了哪些事情。那些事情都是普通人无法完成的。马云的高明就在这里。

真正会说话的人，从来都是谦虚地评价自己，高调介绍自己的成绩。这样才能获得最大的认可。

如果一味谦虚，说自己什么都不是，那么别人会看轻我们。可是如果一味说自己伟大，别人也会反感我们。只有将自己曾经做过的那些别人做不到的事情坦然说出来，然后在评价自己的时候，轻松说一句“我不过是运气好罢了”，才能给人一种高调的谦虚。

自己相信，别人才会相信

一个讲话高手，通常不仅是言之有物，还言之有理。听他们讲话，不仅能够丰富自己的见闻，还能明白许多道理，让自己的逻辑思维能力获得增强。因此，如果我们想要成为一个讲话高手，就不仅要拓宽自己的知识面，还要延伸自己的见识深度。只有有足够的见识，逻辑清晰，能够说出别人说不出的道理来，才能让人更加敬佩你。

一般来说，每个人都是对自己的观点抱持自信态度的，总觉得自己的观点是对的，而觉得跟自己不同的观点或多或少都有些问题。在这种情况下，如果想让人觉得你说得有理，就要花费一番功夫了。最好能说出那些人人眼中有，但人人口中无的道理来。只有那样，才能树立一个明理的形象。

马云就是这样的一个人，他的话总是能够引起别人的共鸣。其关键点就在于他总是能够说出人人都看在眼里，但都没能很好地加以总结提炼的东西。这些话从马云的嘴里说出来之后，听者都会以手加额，叹息一声，可不就是这么回事吗？正是因为这种能力，才让马云获得那么多人的认可甚至是崇拜。马云讲话的时候是自信的，他相信自己所讲述的内容，因此会有一种不同的气场，这种气场让别人也会相信他。

下面就列举一些马云曾说过的话：

“我一直认为，不管做任何事都不能有功利心。做事不能功利性太强。我没有什么功利心，我只是想证明，我们这代人通过努力可以做一件伟大的事情。说归说，做还得脚踏实地，最后证明你不是狂人。七八年前大家觉得你狂，做出来就不会有人说了，我不过比别人早做了3年而已。阿里巴巴融资是为做一番事业。要找风险投资的时候，必须跟风险投资共担风险，这样你获得投资的可能性才会更大。”

“一个公司在两种情况下最容易犯错误：第一是有太多钱的时候，第二是面对太多机会的时候。一个CEO看到的不应该是机会，因为机会无处不在，一个CEO更应该看到灾难，并把灾难扼杀在摇篮里。”

“最容易做的决策一定是个臭决策，好决策往往在取舍之间，你都不知道它是对的还是错误的。领导者的决策就是舍和得。”

“只有在犯过错以后，才能总结出一些经验，而这些经验恰恰是一些人急需的，因而错也是一种资本。每次犯错，你的体会就会深一层，时间一久你就知道怎么做了。我们认为人可以在错误中学习，那最好的办法就是在别人的错误中学习。把别人的错误经验复制到自己身上，才会避免犯同样的错误！犯错误不可怕，可怕的是你不知道自己犯了什么错。”

“我们最大的财富是经历了这么多的困难和失败，犯了这么多的错误。我们前面犯了很多很多错误，今后还会犯很多很多错误。”

“成功不是在于你得到了什么，而是在于你得到了什么，历练了什么。失败可以改变一个人的命运，从头再来也未必是坏事情。成功也未必是最终结果，创业者需要警钟长鸣！”

这些话中所蕴含的道理未必有多么深刻，但却极容易引起别人的共鸣。这类就是每个人眼中都有，但每个人嘴里都没有的道理。马云的睿智和犀利，就是建立在这样的道理之上。

一个言之有理的人，在别人的眼中一定是知书达理的。在我们的文化中，一个知书达理的人总是会被人高看一眼。而且他们本身自信，更是让他们的话语增添了几许力量。因此，如果给人留下这种印象，那么也就不愁没人会认同我们了。

想要言之有理，首先要做的就是脑中有理，要养成喜欢观察和思考的习惯。更重要的是要看一些思辨的图书，增强自己的思辨能力。只有这样，才能看到别人看不到的，说出别人说不出的。

当我们可以经常说出别人说不出的道理的时候，自然就成了讲话高手。到了那时候，我们身边的人也自然就会认同我们。

说出口的保证是有用的

很多时候，讲一个道理是很吃力的。需要解释很多的名词，需要介绍相关的背景环境，等这些介绍完了，可能听众已经失去继续听下去的耐心了。而且，讲述人在介绍这些的时候，也会觉得索然无味，失去说下去的激情。这样，就会使整个谈话变得没有生气，谈话也没有什么大用处。

相信大家都有过类似的经历，就是我们觉得很好玩的一件事情，经我们的口中讲出来之后变得索然无味。这种情况，多半是因为要交代的东西太多而我们没有交代清楚，或者是我们选择了简短介绍的方式，但我们的简短介绍并没有抓住本质。这些，都是表达不畅造成的沟通不畅。

如果想要跟朋友、同事或客户很好地聊天，就要有强大的表达能力。不仅要将有意思的事情讲出应有的效果来，还要学会将没意思的事情讲出效果来。当然，最重要的是，跟别人解释一件事的背景的时候，用最简短而对方又能听懂的方式，保证说出的每一句话都是有用的。这时候，借用一些众人熟知的典故是一个很好的办法。

很多人也熟知在谈话中插入典故的重要性，却始终不得其法，结果反而弄得更糟。我们先来看看，马云在一次会员见面大会上的讲话：

“在互联网最艰难的时候，阿里巴巴回到中国，把总部从上海撤回了杭州，实实在在地做事。至今为止，阿里巴巴第一次裁员，我跟会员很郑重地说起在2000年把一些美国的工程师裁掉了，如果晚半年，可能公司也就没了。不是我们聪明，而是没有办法。我们在中国实施‘回到中国’策略的时候，我们对外没有说。只是说阿里巴巴一直在开拓海外市场，有一些竞争对手就去打海外市场了，结果去了就关门了，没能回来。是什么让阿里巴巴活了下来？是什么让阿里巴巴走到了现在？我们把回来做的事比作第一是‘延安整风运动’，第二是‘建立抗日军政大学’，第三是‘南泥湾开荒’。”

这是马云在给别人介绍自己公司时的一段话。向别人介绍自己的一个理念或一段经历，其实挺难的，因为涉及很多相关背景的介绍。但马云的做法非常简单，引用了几个名词。

中国共产党的成长史，大家都是知道的，中学历史课本里有很详细的介绍。马云将自己公司的几个阶段用党的成长史作类比，一下就解决了很多问题。因为人们都熟知那段历史，所以在把公司的经历作类比之后，对方也知道他们公司大概发生了些什么事。这样，自然就不用再进行过多的解释了。这么做的好处，就是节省了时间，可以让谈话更加紧凑，而且清楚明了，对方一听就明白。

我们在讲话的时候，就是要学习马云的这种做法，用众人熟知的故事就将众人带到那个场景中去，这样就会减少我们很多的麻烦。

如果没有合适的典故可用，就要斟酌语言了。要有一个清醒的认识，我们所说的每一句话都是有目的的，都是为我们所想要的结果服务的，都是切实需要的。不要将一些无关紧要的话不停地挂在嘴边。要做到我们虽然说了很多，但每句话都是有用的。这样才好。

解释，是很多人不愿听的，更是有些人不愿做的。不过我们总是需要跟别人去澄清一些事情，要为他们介绍一些道理或事情。在说明过程中，一定要做到条理清晰，这样才能花最少的时间解决更多的问题。

保证自己说出口的每一句话都是有用的，也是一种能力。

言之有礼，别人自然会尊重你

光做不说是木讷，光说不做是忽悠

有人光说不做，有人光做不说，这些都是不好的。要做，也要说。做要踏实地去做，说则要老老实实地说。

光说不做的人，常给人虚华不实感，会让人觉得就是一个华而不实的人，只知道用嘴去欺骗人，没有任何实在的地方。而光做不说的人，则给人木讷感，就像一头老黄牛。虽然让人觉得稳重、可靠，但多半时候难以让人看到他的真正价值。

只有老老实实地做，然后将自己做过的坦然说出来，才能让人觉得这个人既可靠又有才华。毕竟酒香也怕巷子深，如果将自己的成绩憋在自己的肚子里，那么谁又能知道，然后去欣赏我们呢？

马云是一个懂得做，也懂得说的人。他很努力，也很勤奋，更懂得说出自己的努力和勤奋，所以才有那么多的支持者。大家既看到了他的付出，也看到了他的才华。马云的另一个本事，便是能用自己的语言将这些付出和才华很好地表达出来。下面是马云在阿里巴巴杭州大会上的一段讲话，从中可以看出马云的语言表达能力有多强：

“其实这两年互联网的发展我觉得还是非常令人惊奇，阿里巴巴从6年前开始专注做电子商务，6年以前很少有人认为中国电子商务会起来，但我们没有放弃过。尤其是这两个月里互联网发生的巨大变化，比如说eBay购买Skype。前年我们推出淘宝的时候，我们觉得自己跟eBay的竞争还是有难度的。”

“但是没有想到经过两年的发展，由于所有员工的努力、中国互联网市场的成熟，整个世界对中国的关注越来越多，使我们在两年内做到了以往8年10年都没法做到的事情。”

“互联网的高速发展使得全世界关注中国的电子商务，我相信未来3—5年互联网行业的角逐一定是电子商务的角逐。我们今天看到的一切，eBay进入Skype，谷歌进入TALK，QQ进入拍拍网，百度和谷歌在搜索引擎上的投入，使我相信3—5年内所有的人都会进入我们的电子商务领地。”

“阿里巴巴的优势是先发优势。我们走了6年，6年我们坚持客户第一，坚持我们的团队，坚持我们的价值观、使命感，6年来我们没有建立强大的竞争壁垒。”

“无论阿里巴巴、淘宝、支付宝，我觉得在客户方面我们做了很大的努力，但在技术上还不能够真正进入世界一流。未来3—5年我认为还是技术上的竞争。”

在上述讲话中，他将自己公司所做的事情简略地说了出来，让人们知道，阿里巴巴之所以成功，不仅在于他们生在一个好的时代，不仅在于他们遇到了更多的机会，还在于他们自身的努力和奋斗。这样也使人们对阿里巴巴有了一个全面的认识，也会更加喜欢和尊重阿里巴巴。

这就是既说又做的作用。因此，在跟人聊天的时候，不仅要聊理想，还要聊聊自己的付出。尤其是跟领导或者同事聊天的时候，要多给人讲讲自己都干了什么，或者通过哪些努力才完成了自己的工作。只有这样，领导和同事们才能知道我们为工作付出了多少，才会欣赏和认同我们。如果我们不去说，别人也不会主动关注我们，那么我们的付出也就没有意义了。

当然，不管说什么，都会涉及另外一个问题，就是怎么说。在跟领导和同事讲述自己的付出时，不要说得太过明显，那样会给人一种邀功之感，反而不美。在讲述的时候，一定要自然，不要太过突兀，不能给人炫耀之感。

表达，从来都不是一件简单的事。表面看起来，就是跟谁说、说什么、怎么说，可是想要真正说得好，其实非常困难。这些都要靠我们去努力、去钻研，等到真正掌握了更多的表达技巧，我们便可以依靠自己的口才获得别人的认同，给自己加分。

事业地位可以有，但架子必须无

马云曾说："善于倾听别人的人容易成功。"

这句话的意思是，不要总是表达自己，而是要多听听别人怎么说。如果心里只装着自己，处处都在展现自己，是很难成功的。这样的人会因为过于夸耀自己而让别人产生不适感并远离他。当一个人成了一个孤家寡人之后，自然无法成功。

通过这个道理，我们也能总结出一点：那就是与人沟通的时候，不要太过直接，更不要太过张狂，要懂得给别人留有余地。如果太过张扬，总是在炫耀自己，那么总有被人遗弃的时候。

炫耀或者争论，带给我们的没有荣耀，只有失去。失去的可能是机会，也可能是朋友。因此，不要过分展现自己，遇到别人帮助抬高自己的时候，也要表现得谦虚些。要注意保持沟通双方的同等地位，这样才能真正得到我们想要的。

在一次演讲中，马云说：

“不要盲目地去追求有些东西，第一次创业的时候，你要想清楚到底要做什么。不要受外界的影响，你自己要确定你今天就是要做这个事情，你要有决心。我记得我在做阿里巴巴的时候，有一个很大的公司给我出了150万美元年薪，还不包括奖金和股票。这是很大的诱惑，但是我没有答应。我家人说我是疯子，这么多钱，你不要。我就说这个机会我不要，我就是想创办一个中国人的网站。在你有要做什么的强烈愿望时，你能抵挡很多诱惑。现在很多企业不会问你能做什么，因为这个世界上能做什么的人，比你多多了。”

“有了这点以后你会非常独特，因为你想的时候非常深入，这两年我不再跟别人探讨阿里巴巴的模式。今天我讲的未来5年是很模糊的。说心里话，我真的不了解阿里巴巴的模式是什么。说实在的，真的有好的模式，你也不会告诉别人，是不是？你们家床底有一个金罐，你不可能去告诉所有人。好的模式是摸索出来的。1个月前我在亚布力会议上参加企业会谈，有几个人在讲如何才是成功的企业家。后来我分析了他们几个人，他们基本上都是失败了几次才成功的。”

“一般来说，成功的人，往往说不清自己是怎么成功的。中间很多很多的原因、理由你不知道，还有很多运气成分在，我觉得阿里巴巴这几年来，我们犯了无数的错误，但是我觉得那不是错误。在创业过程中，很多的灾难你预料不到。中国绝大部分企业今天还只用了战术，战术就是活下来，等你到一定的规模、一定的时候你再去考虑战略。”

这就是马云，有事业、有地位，但没有架子。他总是能够摆正自己的地位，不用高高在上的姿态去面对别人，他懂得给别人留有余地，别人自然也会给他更多的认同。一个人，如果觉得自己比别人强很多，那么一定会尝到苦果。因为这世上或许有绝对的成功者，却少有绝对的强者。更多的时候，我们所谓的优势，不过是因为在某一个领域付出过更多的时间，有更多的积累罢了，而不是因为我们从智商上就比别人高出几个档次。

既然世界是公平的，人与人之间也没有太大的差别，那么用差别式的思维讲话的人，就必然要吃亏。不要过于炫耀自己，更不要无故跟别人争论，那样于我们百害而无一利。

高调的姿态只能换来别人口头上的承认

人都有两个形象，一个是我们认为的，一个是别人看到的。很多人常将这两个形象混淆，觉得我们自认为的就是别人看到的，其实不然。

很多人觉得夸夸其谈才能展现自己的魅力，于是便开始追求夸夸其谈的形象，觉得这样潇洒。但很多时候梦想与现实并不统一，我们觉得自己的夸夸其谈是潇洒的表现，别人很可能觉得我们华而不实，是一个空谈大过实际行动的人。虽然他们嘴上可能会夸奖我们，但实际上对我们是不以为然的。我们要的是别人发自内心的认可，而不是嘴上的敷衍。要懂得攻心，而不是靠高调的姿态赢得别人口头上的承认。

想要做到这些，就要懂得承认自己的不足。表现在言谈举止上，就是要放低姿态，给人一种平易近人感。当然，更重要的是，说话的时候不要太多空谈，也不要太过炫耀自己。跟人聊天或回答问题时，不要以一种争论的态度去说话，要以攻心的说服态度去讲。这样，我们便能获得更多人的认可。

马云曾说：聪明是智慧者的天敌，傻瓜用嘴讲话，聪明的人用脑袋讲话，智慧的人用心讲话。马云是个讲话高手，他总是能够靠自己的言语让别人发自内心地去认同他。我们先来看看马云在做客《对话》节目时，是如何回答观众提问的。

吕本富：今天跟马总交流那么长时间，马总今天给人的感觉在气场上有点改变，从企业的经营者向“教父”转变，太极练得也不错，还会玩大刀。

主持人：这现在有点《武林外传》的感觉。

马云：我觉得我挺喜欢看《教父》这部电影的，但是教父没有好下场。有一点是真的，第一份工作会影响你后面一辈子的很多工作。我第一份工作是当老师，当班主任，所以形成了我现在讲话的风格和思想作风。要是在老外的公司里，他们见了我这样的CEO早就会觉得我太粗鲁，老是手指头点着讲，其实我没有这个意思，我只是觉得应该是这样。为什么大家觉得我像教父呢，我心里面觉得可能是因为当老师的习惯造成的。这些习惯改不了，当然我也不想改，因为也到了这个年龄，也不想瞎改。我不想当教父，我只是一个创业者。为什么我去《赢在中国》，大家觉得这些小孩都在想什么坏主意。当年的我也都犯过，我们都一样，只是我吃过苦了，告诉你，兄弟别往那去了。但是奇怪的是说了也是白说，大家还是会去的。我也一样。多少前辈告诉我，马云，这样做要死的，我爸跟我讲了一大堆，我照样走一遍，人都一样。几千年来人类的知识积累很多，但智慧并没有增加多少。

马云的这段话说得很清楚，这也算是一种解释，一段自我分析。马云是很清醒的，他知道自己在别人眼里是什么人，也知道自己真正是一个什么样的人。正因为此，他才能说出那番话来。

这就是马云比一般人高明的地方。很多人也有马云式的认识，知道自己想要给别人的印象和别人真正感受到的印象是不一样的，但却不愿承认，也不太敢承认。那样反而不好，会给我们带来很多麻烦，对我们自身的影响也不好。

每个人都有缺点，都有不足，也都有一些未必很好但我们很难改掉的习惯。勇于承认就好了，告诉对方，我为什么会这样。这种实话实说，只会给我们加分，而不会让我们的形象遭受损失。

人在谈起自己的时候，是最容易犯错的。原因正如前面所说，我们自认为的跟别人感受到的往往不同。这时候，不妨学习下马云，从两个角度来看待自己。分析下自己为什么会有某些习惯，同时换个角度思考一下，看看别人对我们的这种习惯会产生哪些看法。这样才能还原出一个真实的自己，然后将这个真实的自己展现在众人的面前。这才是给自己加分的行为。如果一味沉溺于我们所认为的自己当中，处处、时时以这个为标榜，那么只能给人一种矛盾的形象。那对我们不利。

一个真正成熟的人，不仅能认识别人，更能认识自己。当然，更重要的是表达出真正的自己，告诉别人我们是什么样的人，而不是夸夸其谈我们想要成为什么样的人。

真挚的语言才会掷地有声

很多人都追求高调，希望能够得到别人的青睐和认同，甚至是希望得到别人的崇拜。不过，在实施的过程中，往往会走错方向。他们觉得，想要让别人认同或者崇拜，就要有高调的言辞。于是，不管什么场合都夸夸其谈，不管走到哪里，都吹嘘自己。这些人不知道，这么做不仅无法让自己得到别人的认同，反而会让别人讨厌他。

一个真正懂得用语言征服别人的人，他的话一定是朴实的。真正的讲话高手，从来都是用最普通、最简单的话来讲述最深刻、最高调的道理。只有这样才能打动人心。

马云在人们的眼中一直都是一个高调的人，他事业有成，他野心勃勃，他有第一流的智慧和口才，但仔细观察马云的说话方式就能发现，他之所以能够用自己的话语感染别人，不在于用语多么高调，不在于时刻推销自己，而在于用最普通、但也最真挚的语言跟别人沟通。

当讲到伟大的时候，马云说："伟大和不伟大之间的区别是什么？一个伟大的人，在每个人最痛苦的时候、大家都要死的时候，他再往前挺一步，人家倒下去，他还站在那。大部分人说这么有钱了，该转弯了，只有这个人说他还要往前挺一步。往前挺一步的那个人就是伟大的人。"

他没有用一大堆排比句来表达伟大，也没有说些空洞无味的话，但却给人一种力量。这就是平实的力量。

伟大的演讲者肯定是有过人之处的，有非凡智慧和成就，但坐在下面的听众却都是普通人。一个真正能成就自己的伟大的人，一定是用普通的语言打动普通听众的人。他们的嘴里，有的是普通人最感兴趣的话题，讲述的是普通人最感兴趣的道理。

下面是马云在一次演讲中的截选：

“抱怨一点点都没用，几年以前我们公司就提出一个口号，而且我说得非常强硬，你别抱怨，如果你抱怨就拿出行动来，拿出方案来。谁都会抱怨，但我们不需要抱怨。所有成功的女性和男性都一样，都是有平常心，都充满着感恩之情。我越来越感受到阿里有今天是我们的人会感恩，我自己觉得我是充满感恩，我昨天晚上也说了，我这一辈子是几世修来的福气才这么荣幸能和这么多人一起共事。很荣幸生在这个时代。”

“我坚信一点，阿里巴巴的成功和马云没有关系，不是我的功劳，我没有写过一行代码，没有做成一个销售客户，所有都是同事做的，但是阿里巴巴做得不对一定是我的错，因为我在关键的时候没有坚持原则，我没有坚持理想。事实上成功可能跟我没关系，但是失败跟我是一定有关系的！中国电子商务做得不好跟阿里巴巴一定有关系，因为你已经拥有了70%优秀的年轻人相信电子商务，但中国电子商务做得好跟阿里巴巴没有关系。要有平常之心，我们这辈子有机会面临灾难，有机会面临挑战，有机会碰到竞争对手，有机会碰到这样那样可以抱怨的事已经非常好了，因为可能有些人连机会都没有。”

从上面这段话可见马云是一个有着平常心的人，至少他在演讲中是一直在强调平常心的。正是这种平常心，才能得到普通听众的认可，才能打动台下普通人的心，也才会被人追捧。

我们面对的都是些普通人，他们最感兴趣常是家长里短的闲话。在跟人沟通的时候，往往是这些闲话能让我们走进对方的心。总是讲述些大道理，反而给人一种空洞的乏味感，让本来可以很有趣的谈话变成尴尬的不知所言的聚会。

慧心妙语，说到对方心坎里

将道理融入场景中

马云演讲之所以厉害，在于能够营造出很多情境，让听者有很强的融入感，从而引起共鸣。如果对马云的讲话风格有足够了解，便会发现马云是一个营造氛围的高手，他营造氛围的方式便是将道理融入具体的场景当中。

很多人在讲述道理的时候，都是教科书式的，用下定义的方式在讲。说到奋斗，便强调奋斗的意义；说到努力，便大谈努力的必要。马云一般不这么做。他常会用一个奋斗者的故事，来给人们讲述奋斗的必要性。通过故事所展现的情境获得人们的认同。这样的做法能让语言生动起来。生动的语言，不仅不会让听者感觉枯燥，还能让人听得津津有味。

在一次公司的内部讲话中，马云给同事们讲了一个故事：

"上帝问你怎么死的，他说我被洪水淹死了。上帝说你淹死前在做什么？他说我就坐在一个小小的岛上，看着水慢慢地上来，就等着你来救我。上帝说我来救过你啊，有一块木头漂过来你没有跳上去；有艘船要救你，你说你在等上帝；又有一块泡沫漂过来，你只看了看它，根本就不想上去。你死，是因为你不想活了。"

这个故事强调的，便是自我努力的重要性。但马云没有给人讲努力的意义，也没有讲奋斗的必要，而是借用了一个小故事，通过这个故事给人们讲述道理。这样一来，不仅吸引了听者的注意力，更是让道理生动、鲜活了起来。

说服一个人是非常困难的。每个人都有自己的处世方式，也都有自己认识这个世界的一套规则和标准。直接说服的时候，给对方的印象往往是这个人要改变我，或者这个人在展现他自己的深刻。这时候，听者便会生出一种抵触情绪来，觉得如果认同了对方，那么便是说明自己不如他。正因为如此，说服人才会有困难。

马云的方式就很好，不教条、不刻板，以一种讲故事的方式，告诉对方一个道理。听故事的时候，听者是不会有抵触心理的。因为听者会觉得，自己对这个道理的认同，不是来自于对方的强烈命令，也不是来自于对方的说明，而是自己从对方所讲述的一个小故事中体悟出来的。这是自己智慧的结晶，而不是在别人的指导下进步了。听者会很舒服地接受这个劝告。

这就是语言高手们的厉害之处。他们总能用鲜活的语言，让别人在不知不觉中认同自己。马云语言的鲜活之处，不仅在于喜欢用故事，还在于精妙的类比。下面一段，是马云在另一次给员工的讲话中提及的。

“等于跑进了一个很有意思的海鲜市场，大家全是吃海鲜的。市场脏是脏了点，但是人气鼎沸，各种各样的小海鲜、大海鲜都有。什么是大买家呢？就是要搞一点品位，吃完以后还有两个蛋糕放在那儿，再弄杯咖啡。明知道吃海鲜有没有蛋糕无所谓，但是有一个蛋糕，有品位的人也走了进来。但问题是我们现在把蛋糕做成了很大、很大，海鲜却越来越少。”

用海鲜和蛋糕来比喻大买家和小买家，一下就让枯燥的表述变得生动起来了。这样做之后，所谓的大小买家便不再是空泛的概念了，而是可以想象的，易于听者理解，便于说者进行说服。

人的头脑和记忆方式都是有特性的，越是枯燥的越不容易被记忆，越是生动的，越能引起人们的兴趣。想要让自己变成一个会说话、懂得说话的人，就要让自己的语言生动起来。只有生动的语言，才能让听我们讲话的人有兴趣，而不是听了我们的话想要打瞌睡。别人觉得我们讲话有趣了，自然会认为我们也是一个有趣的人，自然就能得到别人的认可。

马云是一个有趣的人，就在于他常说有趣的话，他能让枯燥的道理变得生动，也能让说服别人变得轻松。这就是一个人的语言能力。

可以说，马云的成功在于他有独到的眼光，能够洞察世事，看到别人看不到的机会。如果没有如簧之舌，恐怕他也不会有今天般的影响力。这些，都是好的口才、会讲话带给他的。

传达悲情，不如传达人情

一家公司，总会有新员工的加入、老员工的离去。从如何面对这个问题中，便能看出这家公司管理者的水平。一般的公司都是用情困人，将所谓的人情聚散挂在嘴边，企图让那些老员工不忍心离去。

这样做虽然也有一些效果，但往往并不理想。如果不能给员工一个舒服安逸的环境，不能让员工得到快乐，或者不能给员工更多的收入，那么怎么都是留不住员工的。一个高明的老板，会让员工坚信，待在公司里才是最好的选择。而一个不够高明的老板，则总是企图用所谓的人情或义气来留住员工。前者，总是能让自己的员工流动性最小，总能留住那些有梦想的员工，公司也有生气。而后者，虽然能够暂时地留住一些人，但那些人往往并不是不愿意走，而是不好意思走。虽然留住了人，但并不能留住心。其结果便是公司的员工不少，但大家的心都不在这里，而是各有所图，整天都在浑浑噩噩混日子。公司里虽然人员繁盛，但效率低下，反而不如大方地把人放走了好。

有如此差别，就在于一个角度问题。马云是一个看问题角度很独特的人，也是善于表达出这种独特的人。阿里巴巴也有人员的流动，但马云总是能够将那些最好的人才留在自己的身边。这靠的就是他不一样的表述方式。他不是向员工表达悲情，然后让员工因为人情而留下来，而是帮员工分析形势，让员工自己主动留下来。

马云曾这样跟自己的员工说：

“再一个跟大家说一下，我最大的顾虑就是上市以后员工的心态问题。我一定会跟所有的老员工交流，特别是‘五年陈’以上的老员工做一个沟通和交流。”

“孙正义讲过一个故事，这个故事是真实的。当年软银在日本刚刚成立的时候，有一些小女孩得到了软银的一点股票，但那些女孩们很不高兴，说这一点股票还算股票，我们不要股票，你给我们工资加多一点。所有公司在创业时现金都比较少，阿里巴巴创业时也一样，刚开始时工资比较低，到了淘宝也低、支付宝也低，雅虎是例外。当时孙正义就希望工资低一点。女孩们拿了一点股权，也没当回事。两年不到以后，软银上市了，这一点股票值100多万美元，最后涨到将近200万美元。她们才拿了一点，后面的人可能拿了更多，全部变成了上百万美元的股东，有的人甚至变成了几千万美元的富翁。这些小女孩说我们真是运气，于是她们嫁人的嫁人，不干活的不干活，开始买房子、嫁人，没有一个人真正感谢公司、没有一个人真正感谢团队。当时软银内部冲击很大，公司许多员工一起离开，很多人成立了自己的公司，还来挖原来公司的墙角。留在软银的人受到巨大冲击，股票受到了打击，公司受到了伤害。当然，出去的人，据现在统计，没有一个人成功的。来得快，去得更快。留在里面的那帮人都活了下来，而且现在股票越来越坚挺。”

“我跟大家讲，8年以来或者说5年以来，我们这些人中，可能有些人想，反正也没有地方去，在阿里巴巴待着挺好的。我不敢说是80%，至少40%的人会觉得我也没有地方去，有一个工作做做就好，反正在这个公司总能够混下去的，于是稀里糊涂地待下去。那些认为自己很能干、应该得到更高待遇的人都走了。那些认为肯定能够得到更高的工资，能在别的公司得到更高职位、更多股权的人都走了。这些都是自认为很聪明的人，而我们这些自认为不是很聪明的人，都留了下来。”

马云没有说那些从公司得利后去外面发展的人的坏话，没给他们冠上一个不懂得感恩的帽子，而是用那些人的现实遭遇来告诉大家：公司是众人的集合体，靠每个人的努力才有公司的现在，也只有这些努力的存在，才有员工的未来。这才是最好的说服方式。

在这种时候，很多人都会选择打感情牌，将不懂得感恩视为一种不道德讲给大家，这很容易引起逆反心理。他们的这种说法，是将公司和员工对立起来，马云则是将大家归为一个整体。打感情牌的方式，是完全站在公司的角度谴责别人，而马云则是同时为大家和公司着想。正是这种方式，使马云的话更有说服力。

不要站在一个高点上对别人进行说服，那样只会让自己陷入孤立。要懂得从全局的角度来谈，将大家当成一个共同体，然后分析整个共同体的利益走向，这样别人自然就能认可你。

把情绪安抚好后，再摆事实讲道理

在马云的商业生涯中，也是有很多坎坷的。他曾创建过好几个公司，虽然都有一定的成就，但终因无法实现自己最终的梦想而放弃了。最后，马云做了阿里巴巴，这是他梦的所在，因此坚持了下来，并取得了成功。

不过阿里巴巴一路走来也并不是全都顺利的。其中淘宝商城的涨价事件，在当时便是一个不小的波动，导致了很多用户不满，对马云表示抗议。

马云收到这个消息后，马上赶了回来，并对抗议的用户做了一次演讲。

"谢谢大家，有点时差，刚从美国回来，对不起大家，每次都是匆匆忙忙把大家叫过来沟通。来之前有媒体朋友问我的手上写了什么东西，我的手上写了四五个忍字。我的朋友担心我，怕我会乱发脾气。这一年麻烦还真挺多，这样的沟通有3次，第一次是电视台批淘宝有假货，第二次是支付宝，第三次是这个。挺奇怪的，支付宝的事情扯出了VIE（可变利益实体），说诚信又说我们打击小企业。"

"我在飞机上听到了一首歌，伤害你最深的人就是爱你最深的人。这个政策的出台，淘宝商城做了很多研究，我也一直关注这个事情，出发点一是几个部委联合打假做网上诚信，电子商务越来越大，如果我们不对假货水货采取措施，中国电子商务走不久。出发点二是中国电子商务面临产业升级。我认为3年之内中国经济会面临挑战，挑战最大的是中国民营企业，美国在这方面就做得很好。我这次去美国的另外一个原因，是想看奥巴马如何解决就业，他们走过的路，中国也许可以参考。"

“有人会说马云你为什么老是站在道德的高峰，我并没有，我只是个普通的创业者。2010年年底我在淘宝大会上乌鸦嘴，说2011年淘宝必有一难，说过了我就忘了，但真来了。我希望2011年是淘宝最后的一次难，阿里巴巴今天缺的不是工程师、客服人员，最缺的是法律专家、经济学家和政策学家。请问你们有没有碰过这样一家公司？淘宝上面有800万人开店，很多人以此为生，网购电子商务可能是解决中国内需、扩大就业最好的办法。我是1点20分的飞机，9点之前我和加州州长讨论加州就业问题，中国每年的就业形势多么艰难。”

“这条路是我们自己选的，我们没有请求大家同情，只是希望大家理解一下做这个事情的难度。我今年被人说是‘过河拆桥’，我从来不是互联网的英雄，我就是个杭州起来的凡人。我有时候晚上会觉得对不起我的同事们，他们在做超越能力的事情。有人说我们圈钱、非法集资拿去买雅虎，你们知道买雅虎要多少钱吗？按照今天的市值要200亿美元，要按照现在几万的筹钱速度，下辈子都筹不齐。我们是互联网公司中现金储备最多的公司，我们为200多亿美元早就做了准备。运营淘宝1年需要多少钱？2011年现金支出是60多亿，不包括固定支出20亿，一年花出去七八十亿，我没问银行、政府要过一分钱。你们有困难，哪家企业没有困难，我们是怎么起来的？创造的直接就业有200多万人，每家企业都有自己的压力，都不容易。淘宝第一次成立的时候，大家说你们靠免费打败易趣，也有人说我们垄断。前段时间我去美国穿越沙漠，没有油了，走了好久找到加油站，一看要加价75%，开车的人火气很大，很生气地说是垄断。油站老板说，你去其他地方看看，欢迎你到这来投资，我10年前就开始来这做加油站，没日没夜地投资。今天来闹事的人，也不是毫无道理，我仔细听，听了很多，我们政策制订的想法是好的，但方法需要更多完善，需要沟通。王帅一再批评我，不要骂媒体，要用网络时代的沟通方法，但我很奇怪出来的报道，不是我们打假建立品质商城，而是涨价5—10倍。我觉得我们这次的沟通是有问题的，制订制度的都是20—30岁的年轻人，缺少制度专家。有人愤恨，我完全理解，今天必须面对这个挑战。5万多人中真正参与攻击的有5000多人，其中有一半是没有淘宝店的，有店的人都是被处罚过的，当然背后还有一家网络公司的员工在里面。我们不是没有错，我们向大家道歉。”

这就是马云讲话的方式，永远都能够收到最大的效果。首先是表达了歉意，安抚众人的情绪，然后是解释原因，并梳理整个事件发生的原因，对其中的对错给予点评，最后向大家表示歉意。整个过程下来，自然人们的疑问会少很多。

马云讲话的高明之处就在这里，他总是能按照听众的不同而调整自己的讲话策略。很多人也面临过类似的危机，但不是因为太过强势而引起更大的不满，就是因为言语空洞而招致别人的讨伐。

正确的处理方式应该是先对对方的行为予以肯定，但这个肯定也是有学问的，要肯定对方的心情，而不是肯定对方的行为。通俗地说就是告诉对方，自己能够理解他们的心情，如果换做自己处在他们的位置，或许也会做出同样的选择。但切不可直接说他们的行为是对的，如果做了这样的肯定的话，就没办法进行后续的话题了。

给对方一定的肯定，为的是安抚对方的情绪，让他们不再那么激动。然后就是摆事实讲道理，跟他们一起分析整个事件的成因，告诉他们彼此付出了多少，让他们明白，其实我们已经做得够好了。这时候再去否定他们的行为，对方自然就无话可说了。

说话是要讲究技巧的，即使我们是完全正确的，也要给对方留一点余地，至少要给他们留一点面子。

当你炫耀聪明时，就开始变得愚蠢

人都有一定的虚荣心，喜欢美化自己，这是很正常的，毕竟每个人都渴望能够得到更多人的认同。不过，即使美化自己也是要掌握好一个度的。特别是以团队一员的身份出现的时候，更要懂得把握这个度。可以宣传自己的团队，可以跟别人说自己的团队很厉害，也可以拿出团队的成绩给别人看，但切不可把所有的功劳都放在自己的身上。一个人，最重要的是懂得尊重别人的劳动和付出。

马云是一个懂得尊重别人的人，尤其懂得尊重公司内部每一个员工们的劳动和付出。在大多数人看来，阿里巴巴能有今天都是马云的功劳，没有马云就没有阿里巴巴。但马云却不止一次在公共场合说，阿里巴巴可以离开马云，但马云却离不开阿里巴巴。这就是一种不贪功的表现，这么说话，让人听起来就很舒服。这也是马云的独到之处。

“阿里巴巴可以没有马云，但马云不可以没有阿里巴巴。有我在跟没有我在，公司其实差不了多少。”

“经过10年的发展，我们公司从18个人到今天的18000多个人。2009年我们招收了5000名新员工，相当不容易。”

“这10年来，我们犯的错误比取得的成绩多太多。今天别人想知道的是我们取得了哪些成绩，其实我们没觉得有什么，只是我们活下来了。从1999年到现在全世界至少有不下2000家做企业电子商务的公司，跟他们相比，我们真的活下来了。”

“我们这一代人是很幸运。在上市的前一天，我把阿里巴巴全体员工集中在一起，这些人现在至少都是百万富翁。我们问他们，你们为什么这么有钱，是因为我们比别人勤奋吗？我自己感觉比我们勤奋的人多太多了。是我们比别人聪明？我看更不靠谱。”

“小学我读了7年，高考考了3年。后来考了师范学院，专科，当时大学少男生，我就‘转’成了本科。我曾应聘了很多工作，没有一个单位要我，最后我去踩三轮车干了两个月。所以一路走来，我并不觉得我聪明。”

“我认为，这是因为我们很运气。回过头去看，如果重新来一遍，我还是这样走。会不会成功，会不会走过来，我认为概率非常低。”

不管在什么场合都要懂得尊重别人。既要尊重跟自己一起共事的人，不抢夺别人的功劳，也要尊重在场的听众。不要用一种强势的命令式的口吻来跟听众说话，那样不是个性，而是没有礼貌。尊重对方，是人们彼此沟通的时候要坚持的第一条原则。

要想做到时刻尊重别人，首先就是要把心态摆正，要明白，人与人是平等的，只是际遇上有差别。更多的时候不是因为谁比谁更聪明，而是看哪个遇到的机会更多。了解了这点，自然就不会觉得自己高高在上，从而用一种不够尊重的口气跟别人说话了。

不要拿无知当个性。很多人认为，要想获得众人的瞩目，就要与众不同。可是他们不明白，这种与众不同是修养、气质上的不同，而不是做些怪异的举动就可以的。因此有些人常常会陷入一个误区，刻意为了不同而展现不同。他们在展现这种不同的时候，常常会表现出轻浮的一面，给人一种不懂得尊重别人的印象。

一般来讲，人与人交流的时候，是一种共生共存的关系。如果打个比方的话，我们用自己的话语给对方种上尊重的种子，那么我们收获的也必然是尊重。如果觉得自己了不起，不需要尊重别人，那么从别人的土地上长出来的一定也是不尊重。到时候，受到伤害的一样是我们自己。对别人尊重，别人才会对我们尊重，想要成为真正受人尊重的人，就要每天都播撒尊重的种子。

掌握话语权，让人心随你动

人对于忙碌者总是高看一眼

马云是一个演讲高手，他总是能够通过自己的语言赢得观众发自内心的掌声。这不仅在于马云思想独特，言之有物，更是因为他有很高超的讲话技巧。

同样的一句话，一个普通人说起来没有半点的力量，但是到了马云的嘴里，变成了经典。同样的一个场合，别人开头讲话的时候，平平淡淡，但如果那个说话的人是马云，便立刻不一样了，他会讲得很生动。

马云能够做到这样，是因为他了解别人想要什么，并且能够满足人们的这些需求。

2001年，阿里巴巴在温州举行了一次会员见面大会，马云做了精彩的演讲。他是这样开头的：

"今天是星期天，大家能够光临，我代表阿里巴巴的员工表示衷心的感谢！我11月4日去美国，美国各地的会员飞到纽约参加阿里巴巴的见面会。我们很快还会在日本召开阿里巴巴会员大会，2002年我们还会有欧洲会员见面大会。现在我们会员的增长速度非常快，我们的会员都希望更多地了解阿里巴巴。"

"我是第一次到温州来和会员见面。1983年我来过温州，一直以来我对温州的企业家非常钦佩。这次到温州，第一，要介绍一下阿里巴巴的近况；第二，想亲自体会一下温州企业家的创业精神；第三，我想把阿里巴巴从事电子商务6年的经验、想法、体会与大家分享。很多企业都不知道电子商务对于企业到底有没有用，应该怎么用它。很多人都说网络公司每况愈下，都差不多了，阿里巴巴是不是也这样？我把我自己真实的想法与大家一起交流一下。"

开头先介绍自己的行程，看似简单，其实是有目的的，也是能起到作用的。马云这次演讲的目的很简单，就是为了说服对方，让对方更加信任自己。这时候就需要给他们一个定心丸。介绍来之前的行程，通过表达自己很忙，而且忙的都是大事，说明阿里巴巴是受人重视的，可以坚定会员们的决心，让他们更加认可阿里巴巴。同时，也表达了另一层意思，就是我很重视你们。在这么忙的情况下，依然来跟大家见面、聊天，可见是把大家放在心里的。

很多人是不懂这个做法的。他们也很重视自己的谈话对象，但是却从不表达。我们要尊重每一个跟我们谈话、聊天的对象，但同时也要把这种尊重表达出来，让对方感受到。

如果我们不去表达，那么对方只会觉得，这只是一次普通的谈话或聊天，而不会与我们更加亲近。那样的话，我们的重视也便起不到效果了。

当然，表达对别人的重视也是有技巧的，像马云这种，在不露声色中表达是最好不过了。最差的表达便是直接告诉对方，我很重视你。那样不仅不会让对方感觉舒服，反而容易引起别人的反感，觉得我们是用施恩的方式在获得别人的认同，觉得我们是在要人情。

总之，要表达，更要有技巧地表达。可以从侧面突出，或者用故事的方式来表达。比如，告诉他们我们本来也是有另外一个约会的，但是为了见他，将约会推掉了。这就足够了。千万不要在说完这些之后加上一句“因为我重视你”，那样反而会起到相反的效果。

重视交流的对象是一种品质，更是决定沟通成败的关键，但如何表达这种重视更是重中之重。把自己的重视表达出来，让对方知道他们在我们的心中是有一定的地位的，自然能够获得对方的好感，那么谈话也会更加顺利。

每个人都希望自己是人群中最抢眼的那一个，也都希望每一个认识自己的人都喜欢自己。这时候，就要让他们知道，我们是真的重视他们。这么做了之后，才能让彼此心与心之间的距离更近。心的距离近了，自然凡事都好办了。我们需要他们帮忙的时候，他们会伸出援手，我们偶尔有小错误的时候，他们也会原谅。真正的朋友，都是从重视对方开始的。

多储备，才会看到别人看不到的地方

一个人能说出什么，在于他的眼里有什么。那些每逢张嘴必惊人的人，是因为他们头脑清醒，能够看到别人看不到的地方。只有心里有，嘴上才能有。

因此，如果想要让自己变得更加有智慧，让自己能够经常口出惊人，能够给别人指点迷津，就要不断充实自己，让自己能够看到事物的本质。

只有胸中有真才实学，才能言之有物。一个没有学识储备，不具备洞察事物本质能力的人，只能说些不痛不痒的空泛话。

马云在做客《对话》栏目时，就曾经极具智慧地回答了主持人的一个问题，从中我们可以看到马云的学识储备以及洞察本质的能力。

主持人：这绝对是一个精明的消费者，但是我发现在网络世界里，她更在意的是价格，而非质量。

马云：90后的小女孩很难骗，骗王健林这样的人物反而很容易。这些年轻人才是中国内需的希望所在，老年人是没有内需的，成功人是不花钱的。真正想成功的人才会花钱，中国最大的内需所在就是生活方式的变革。年轻人消费方式的变革，网上便宜，不是因为我们便宜，是因为传统商场太贵了。网上卖500元钱，传统商场卖5000元钱。商场500元变5000元，是因为地皮、地产，他们太黑，不是我们太便宜。今天中国的网购市场这么大，10亿件商品，1万亿的销售额。几年前去广东的时候，1年在广东或者网上只卖六七十亿，今年通过淘宝1—10月份共卖了1700亿。广东很多制造企业，在金融危机以后，来自国外的订单没有了，这些工厂直接就通过网上销售产品。中国很多原来以出口为主的企业，都开始在网络上卖，消费者也高兴。

马云之所以能够将公司做得那么大，之所以经常语出惊人，就在于他能够看到事物的本质。从这段对话中可以看出，马云对自己的客户是非常了解的。他知道哪个群体是自己的用户，更知道这些用户有着什么样的消费习惯。因为了解这些，所以才能言之有物。

想要提升口才，首先要提升的是自己的修养和学识储备。人们常说，一个老师想要给学生一杯水，那么他自身就需要有一桶水。其实表达也是一样的，我们想要说出一杯水那样水平的话，心里也要有一桶水的储备。没有人能够表达自己内心没有的东西，我们能做到的只是将内心的东西表达出来。

因此，想要让自己更懂得表达，就要不断充实自己。要懂得观察社会，观察别人。就像马云一样，不仅在产品设计上，更应该了解客户。只有通过对客户的长时间观察，才能掌握他们的消费模式以及消费习惯。这样才能制造出客户喜欢的产品以及销售模式。同时，也能够说出客户认同的话，从而让客户对自己放心。

然后还要不停地学习，要持续不断地吸收新的知识和信息。了解马云的都知道，马云是一个讲故事高手，他会讲故事，也记得很多典故。在跟别人沟通的时候，他总是能够适时地用一两个小故事来诠释自己的观点。不仅会让听者觉得有趣，也更有说服力。故事是论证道理的最好材料，要想吸引别人，就要储备足够的故事，这样才能让我们显得更加有趣。

当然，最重要的还是理解力，只有理解力强的人，才能做到透过现象看本质，才能有针对性地组织自己的语言。语言组织好了，自然能够达到想要的效果。

始终如一，该坚定时一定要坚定

很多人都容易受别人影响，用一句俗话说就是耳根子软。一件事情，本来他已经下了决定了，但是别人提出一点不同的意见，有的甚至只是从不同视角阐释了一下，他们就开始怀疑自己曾经的决定了，从而开始动摇、犹豫，最后白白浪费了时间。

这样是极不好的，不管做什么事情，都要相信自己，要坚持自己的看法，不要总是动摇。要明白，我们并不比别人差，别人也不一定就比我们强。更重要的是，我们做决定的时候往往经过深思熟虑，了解我们要做的事情是什么样子的，而给我们提意见的人未必就会了解。这时候盲目改变自己的做法，是弊大于利的。

不仅做事如此，讲话的时候也是一样。很多人在一些事情上都有自己的独特观点，也常常会表达观点。可是当有人提出一点怀疑之后，便开始犹豫了，想自己是否错了，开始改变自己的观点，不再说以前常说的话了。这也是不好的。

在一次针对内部员工的讲话时，马云告诉大家：

“三四年前，公司内部有一个重大的问题，有一个人带进一个想法，就是直销这样下去会不会成为公司的负担。当年 TCL 靠直销，爱多 DVD 靠直销，全是靠直销打天下，结果这些公司全被直销搞瘫掉了，我们阿里巴巴是不是要搞直销，要发展多大？我们变成维持直销，不多做直销，迅速向新的模式转型。我们今天发现当时的讨论是一个错误，我们的直销跟 TCL 的直销是完全不一样的。你们更像是电子商务咨询师，中国需要 10 万这样的人。中国有多少企业？4000 多万家企业。将来中国内贸电子商务市场，每个企业 1 个月起码花 5 万元，今天诚信通只卖 2800 元。他们一定需要大量的直销培训。我们前几年投入不够，是因为当时讨论不够。我们今天告诉大家，要调整过来，继续大力建设我们的铁军直销团队，培养优秀人才，但是不要变成直销人员，而是变成电子商务咨询师，怎么在网上促销，怎么在网上卖关键字，怎么在网站上做网页，使自己从纯销售变成电子商务咨询师。”

“卫哲也讲过，一位世界级的业务员，一年营业额应该是 200 万美元，你要选择做销售这个职业、这个行业，要成为世界上最好的营业员。我们还要投入大量钱进行直销建设。我们现在的套路可能还需要整一下，戴珊（阿里巴巴创始人之一）过来以后，大家一起创新模式。我们必须面对今天的形势，我们有很好的东西，也有很坏的东西，你们疲惫了，我也疲惫了，真的很累，但是我觉得我们还要往前再挪动一步。伟大和不伟大之间的区别是什么？一个伟大的人，对每个人来讲最痛苦的时候，大家都要死的时候，他再往前挺一步，人家倒下去，他还站在那。大部分人说我这么有钱了，转弯了，只有这个人说我还往前挺一步，往前挺一步的那个人就是伟大的人。这就是他跟平常人的区别。你们比绝大多数的人厉害和伟大，是因为当时加入的那么多人都放弃了，你们没有放弃，既然不放弃，为什么自己不再往前走？所以我在上市之前最担心的是你们。我理解你们，跟我一样，真的很累，但是我担心人的累变成心的累、行为上的累，最后很多人看着你，这个老员工每天活不干，指手画脚地说话，开的车比我们好，占着位置还不肯走。这种情况出现的时候是公司的灾难。”

人要自信，更要坚持自己。要对自己有一个清晰的判定，要懂得坚持自己的观点。如果我们今天表达的是一个观点，而明天又换成另一个观点的话，那么在别人的眼里就会觉得我们是一个善变的人，不再相信我们。到那时候，即使有再高超的表达技巧，一样无法重新让别人相信我们。给人一种始终如一的印象是非常重要的。

风格是张好名片

马云其貌不扬，是个典型的不能靠脸吃饭的人，没有帅气的长相但有大把的才华。马云经商能力强，口才也超级惊人。

不管你是寻找投资人，还是竞选投标，抑或是其他，要想在一群人中脱颖而出，想要让人记住，就要有跟别人不一样的地方。表现在个人身上就是要有个性，马云是一个个性十足的人，他的个性不仅表现在其做事风格上，更是表现在他的语言表达上。

马云的话一向有其强烈的个人风格，简练、有力、情绪感染力强，当然，也常有着不一样的角度。像“今天很残酷，明天更残酷，后天很美好，但大多数人死在明天晚上”这种带有强烈的马氏风格的话，便是马云的标签。

想要成为一个讲话的高手，不一定要学习马云的风格，但一定要有自己的风格。这种风格便是我们的标签。那时候，不管走到哪里，都会有人知道我们，这就是最好的名片。

我们先来看一看，马云是怎么样表现他的语言个性的。以下，是马云做客《财富人生》的时候，与主持人的一段对话：

叶蓉：前段时间我是在跟前程无忧的CEO甄荣辉在聊天，他说起来其实前两年做互联网的日子很不好过，但是突然地好像互联网的春天就来了，比如像网易、新浪都宣布盈利了，我也想打听一下阿里巴巴目前的经营状况如何？

马云：人家觉得互联网的春天来了，但我并没有觉得互联网的春天来了，其实我自己这么看，我说天天准备着冬天了，我希望冬天越长越好。

叶蓉：怎么会这么讲？

马云：首先，我是个乐观主义者，我觉得有冬天就一定有春天，有春天就一定有冬天，一年四季如春天的话你会过腻的，对不对？人也会生病，冬天的时候不一定人人都会死，春天的时候也不一定人人都会开花结果，我觉得任何一个产业都有这样的过程。所以今天是大家都好了，我反而更加警惕，好了不等于我会好，以前冬天的时候大家都不好，不等于我们不好，其实阿里巴巴现在经营一直不错，应该来讲今年的利润会在1个亿以上，整个公司已经开始慢慢地进入一个比较好的状况。

这就是马云的风格。哪怕不知道他做过什么的人，只要听到这样一段话就会立即对他产生兴趣，想要了解一下这到底是个什么样的人，他到底做过什么。马云的这种带有强烈的自我风格的说话方式，为他的人生和事业带来诸多帮助。

我们跟别人沟通，不仅在于排遣寂寞、说服对方，更希望得到对方的认可。带有强烈标签，有独特风格的讲话方式，自然是达到这个目的的最佳手段。

每一个个体都是独一无二的，都有区别于其他人的地方。但是有的人却将这些地方隐藏了起来，变得跟别人一样。这样的做法是不值得提倡的。这是一个张扬个性的时代，要的就是属于自己的独一无二的标签。我们应该将自己的个性拿出来，展示在众人面前，给众人留下更多的印象，而不是将之隐藏在内心的深处，然后让自己变成跟其他人一样的个体。

富有个性的语言，不仅可以让我们引起更多人的关注，更有利于我们培养属于自己的独特的行事风格。这些，都对我们的人生和事业有帮助。马云一直在强调他是一个平常人，但就是这个觉得自己很平常的人，却做出了不平常的事。这些，未必是马云成功的关键，但确实为马云的成功加了很多分。

做人就要做有个性者，说话就要有自己的独特风格，这样才能让我们从众人当中脱颖而出。

第五章 洞见趋势，未来已来

失败不是脑子发热，就是脑子不热

互联网像啤酒，有沫的时候最好喝

《鬼谷子》中说："变化无穷，各有所归，或阴或阳，或柔或刚，或开或闭，或弛或张。"互联网市场变化万千，企业无论是新产品开发、广告宣传，还是经营手段等都要视时、事、势而转移，及时地调整战略。如果只是一味地效仿别人而不知求变，那么企业最终将会失去市场。

在市场经济飞速发展的今天，很多企业经营者都会有这样的感悟：变化是唯一不变的真理。只有企业跟随市场的变化而变化，才能使自身具有竞争力，故步自封只会被市场无情地淘汰。

"今天的世界是一个变化的世界，30 年以前我们谁都没想到今天会这样，谁都没想到中国会成为制造业大国，谁都没想到电脑会深入人心，谁都没想到互联网在中国发展得那么好，谁都没有想到淘宝会起来，谁都没想到 netscap 会倒下，谁都没想到雅虎会有今天。这是一个变化的世界，我们谁都没想到我们今天可以聚在这里，可以继续畅想未来。我跟大家都认为电脑够快，互联网更快，在很多人还没搞清楚什么是 PC 互联网的时候，移动互联来了，在我们还没搞清楚移动互联网的时候，大数据时代又来了。10 年以前我们看到无数个伟大的公司，我们曾经也迷茫过，不知道是否还有机会，但是 10 年的坚持、执着使我们走到了今天。假如不是一个变化的时代，也轮不到在座的所有年轻人，工业时代就是论资排辈。就是因为我们把握住了所有的变化，我们才看到未来。未来 30 年，世界、中国将会有更多的变化，这些变化对每一个人都是机会，要抓住这次机会。我们很多人埋怨昨天，埋怨 30 年前的问题，中国发展到今天，谁都没有经验，世界发展到今天，谁都没有经验，我们没有办法改变昨天，但是30年以后的今天是我们这帮人决定的。改变自己，从点滴做起，坚持10年，这是每个人的梦想。我感谢这个变化的时代，我感谢无数人的抱怨，因为在别人抱怨的时候，才会有机会。只有变化的时代，才是每个人看清自己有什么、要什么、该放弃什么的时候。”

这是马云在辞去阿里巴巴CEO时的演讲片段。

互联网最大的特征就是变化，只有重视变化、预测变化，并且抢在变化之前采取行动才是应对变化最好的办法，也只有具备战略性的大视野，对微小变革保持敏感，才能应对未来的变化，让企业走得更远。

在过去的10年里，以马云为代表的中国互联网企业家，也许是最懂得变化、创新、战略之间关系的一代企业家。在技术挑战、社会制度、商业模式剧烈变化的端倪初现之时，能否把握机会从表面上看起来饱和的市场中找出一条可行的商业化路径，是他们成功的最普遍方式。

这个世界是个变化的世界。在马云看来，面对变化，必须毫不畏惧，并且要感谢这种变化，主动抓住变化，才有可能抓住获得成功的机会。在阿里巴巴集团“淘宝10周年”大型晚会上，马云在演讲开始前正式确认了他任内最后一单大生意，以2.94亿美元购买高德软件公司28%股份，成为高德地图的绝对控股方。仅仅在10天前，阿里巴巴通过其全资子公司，以5.86亿美元购入新浪微博约18%的股份。在中国互联网史上，马云的这两笔生意都在不经意间都创造了历史。

作为中国最大的电商平台，马云的一举一动，都被看成是行业的战略风向标。联系新浪、阿里巴巴、高德之间复杂关系的这两项大手笔生意，对业内外都产生了不小的冲击。首先是阿里巴巴和新浪的联姻，不少资深业界人士直呼“想不到”“看不懂”。

“互联网像一杯啤酒，有沫的时候最好喝。”马云的这句话让人浮想联翩，变化蕴藏机遇，没有尘埃落定前，谁都不知道最终的结果是什么。但恰恰是这个时候，机会是最好的，如果这时能把握住变化中的机会，就会赢得先机，以后别人再效仿你就难了。

人无我有，人有我新，人优我转，这是应对变化的经营秘诀。马云一直强调，面对变化，要主动拥抱变化。在作为阿里巴巴CEO的最后一夜，高德地图收购一案之后，人们才重新发现阿里布局移动互联网的野心：阿里巴巴先后注资UC浏览器、美团、陌陌、丁丁优惠、在路上、快的打车、墨迹天气和高德地图。从阿里一系列的资本运作中可以看出，要根据互联网的变化，创新阿里巴巴的业务。

拥抱变化，进行经营战略调整，这是所有渴望成功、渴望创造奇迹的企业家的选择。阿里巴巴对拥抱变化的详细阐述是：突破自我，迎接变化。对于本行业的特点有深刻的认识，坚信变化是我们的日常生活。对于公司的变化，认真思考，充分理解，积极接受并影响和带动同事。对于变化对个人产生的影响，理性对待，充分沟通，诚意配合。在工作中善于自我调整，具备前瞻意识，建立新方法、新思路，面对变化后产生的挫折和失败，能够重新调整，以更积极的心态投入到改进中。

世界上没有一成不变的东西，所有的事物都是在变化的。面对这些变化我们不能畏惧或逃避，而应该积极地迎接这些变化，认识这些变化，并相应地对自身作出调整和改进，只有这样才能成为一个成功者。

没解决生存问题前，别做侠客

“不赚钱的企业是不道德的”，这句话适用于当下一切的企业。换言之，任何一家企业都应该在保障盈利的前提下再谈免费战略。对于一个创业者来讲，首要的是解决生存问题。做企业不是做侠客。

在《赢在中国》节目中，一个叫刘杨的人打算整合当时全国的数十万商家与数千万的消费者，建立一个叫作“3G生活网”的手机门户网站。这个网站专门向消费者提供大量的促销信息，提供电子优惠券。不过，这个网站的大多数服务都是免费的。针对这一网站的免费运作模式，马云与刘杨进行了如下的对话：

马云：3G 也好，2.5G 也好，我不是很搞得清楚。3G 讲了很多年了，我就想问一个问题，3G 来了以后，手机用户将会怎样，什么样的产品能让我这样的人付钱？

刘杨：首先，我不需要你付钱，对手机的服务基本上是免费的。

马云：免费的我不一定会用……2008 年有 1 亿手机上网，你又实行免费战略，而且你的公司在 3—5 年内上市，你凭什么东西去上市？

刘杨：2008 年上不了市，预计到 2009 年上市。到时我们在全国将有 40 万个签约商家，有 2000 万的手机注册会员。手机会员基本上免费，只对商家收费，每一个商家平均每年交 1000 元服务费，还有广告竞价排名费，这样算下来 2009 年我们的总营业收入在 8 亿元左右，将获得很不错的利润。我们会用中国生活消费第一家移动门户的这个概念到纳斯达克上市。

3G 是一个热门行业，时代前沿的东西总能蕴含无限商机。马云认同刘杨的发展思路，但对于刘杨大多数免费的服务持保留意见："我的建议是，免费是世界上最昂贵的东西，所以尽量不要免费，等你有了钱以后再去考虑免费。你的每一笔生意都必须挣钱，免费不是一个好策略，它付出的代价会非常大。"

马云虽然否定免费策略的观点，但实际运作中的阿里巴巴却又是免费的。阿里巴巴为什么免费？这是因为早期的时候，互联网企业难以形成市场。在一个免费的时代里，一家企业只要提及收费，必然会引来一片讨伐声，然而不收费，企业本身又难以为继，可以说当时的互联网企业普遍处于一种进退维谷的状态。阿里的早期是一个中介式的企业信息平台，虽然架构和业务都非常简单，但却很符合当时的实际市场需要。走免费的道路是为了让阿里能在这个新兴的市场中培育出一批固定的客户，让更多的人能够享受到阿里提供的这种互联网式的服务。

阿里巴巴的这种做法是不是和马云说的理念不符呢？阿里当时的运作也是有一定困难的，阿里免费的时候是靠什么挣钱呢？这其实正是阿里的高明之处，这种免费的运作模式直到现在也为广大互联网企业所使用。开始的免费确实是无奈之举，但马云厉害的地方就在于相信阿里能够在后期的运作中盈利。“有人说，阿里巴巴有一天收费的时候，用户就会跑掉，我可以告诉他，阿里巴巴现有的服务是免费的，将来也永远不会收费。将来我们推出新的服务，我们会收费，你觉得不好，就别付费，就这么简单。现在有人说阿里巴巴不收费都那么好，要收费那还得了，不知好成什么样。”

面对如今的现实情况，阿里的免费模式还适用吗？对此，马云明确表示，如今做互联网的企业再搞免费营销战略，无异于找死。“今天很多人用着IT的技术、思想，但是管理水平和思想仍旧在20世纪，这好比把机枪当棍子使。所以才会出现今天做电子商务还在杀价，还是拼价格，不是价值。做互联网10年前可以免费，但今天却不能，10年前腾讯、百度、阿里巴巴都非常小，那个时候做免费，所有人说这是想找死。今天你再想免费，你想死，腾讯、百度、阿里会帮你死。假如你还停留在20世纪或者是5年、10年前的思维模式，是不可能再活下去的。”

阿里这种免费模式适用于阿里或者个别企业，但并不适合推广，因为大部分的企业可能会因为这个模式而亏到一无所有。

先做正确的事，再正确地做事

曾经有人询问马云有关阿里巴巴应对危机的策略时，马云说道：“首先是做了正确的事，其次是正确地做事。”如果首先做正确的事，方向对了，即使走得慢一点也能一步步地靠近成功。做正确的事，就是朝着目的地直线行走，而不是在错误的方向上一路狂奔。

做正确的事，再正确地做事，这是马云的一贯作风。他曾说过：一个正确的制订战略的过程，首先要做正确的事，再是正确地做事。你做正确的事，就可以事半功倍，如果你做的事是错误的，后边做得越正确，死得越快。

试想，在一个生产型企业里，员工在生产车间按照质量标准的要求生产产品，如果产品质量、操作行为都达到规定的标准，说明员工是在正确地做事。但是如果这个产品在设计上本身就存在很大缺陷，根本无法投放到市场上，或者它根本就没有买主，没有用户，那么，这就不是在做正确的事。在这种情况下，无论员工做事的方式方法多么正确，其结果都等于零。

在马云看来，方向比距离更重要，不走弯路，就是捷径。首先做正确的事，然后正确地做事，这不仅仅是一个重要的工作方法，更是一种很重要的工作理念。任何时候，对于任何人或者组织而言，“做正确的事”都远比“正确地做事”重要。

管理大师彼得·德鲁克曾在《有效的主管》一书中指出，效率是指以正确的方式做事，而效能强调的则是做正确的事。效率和效能二者都不可偏废，但这也并不意味着它们具有同等的重要性。我们当然希望同时提高效率和效能，但在效率与效能无法兼得时，我们首先应立足于效能，然后去设法提高效率。

在这里，彼得·德鲁克提出了两个概念——效率和效能，分别对应的是正确地做事和做正确的事。在现实生活中，人们关注的重点往往都在于前者——效率和正确做事，但实际上，最重要的却是效能而非效率，也就是做正确的事而非正确地做事。正如彼得·德鲁克所说：“对企业而言，不可缺少的是效能，而非效率。”

“正确地做事”与“做正确的事”有着本质的区别。“正确地做事”应该是以“做正确的事”为前提的，如若不然，那么“正确地做事”将变得毫无意义。即使将事情做得再正确，也是没有任何实际效能的。所以，首先要保证去做“正确的事”，然后才存在“正确地做事”的问题。做正确的事就好比射击前的瞄准，正确地做事就是瞄准后再射击，没有瞄准的射击是没有意义的。

例如，在一个糖果商店中，店里明明有许多营业员空闲，顾客却宁愿挤在同一个柜台前买糖，难道是其他营业员不热情或者短斤缺两？

原来，受顾客一致欢迎的那个营业员每一次抓糖果的时候，第一次一般都不会抓超过顾客所要的分量，然后再当着顾客的面一点一点地加进去，直到分量足够为止。

顾客看到的是不停地加糖，心里觉得很满意，当然也就愿意光顾这个营业员的柜台了。而其他的营业员往往是第一次抓很多的糖果，然后再不停地减少，顾客们心里当然就不舒服了。

由此可见，同样是卖糖果，同样的分量，因为方法不同，结果迥异。以正确的方法做事，才能一步步抵近完美，迈向巅峰。

树立危机观，对经营不足之处加以改进

马云在贵州演说时说“天变了”，互联网时代的来临，让世界大变天。商场、店铺关门，淘宝却创造一天销售191个亿的奇迹；唱片行倒闭，手机音乐却牛气冲天；银行算是稳定的产业了吧？余额宝来了，让它也慌了点儿神。互联网时代，中国的许多行业正面临着大洗牌。

我们处于一个急速变革的时代，这个时代以前所未有的速度改变了人类的生活。对于企业家而言，首先要把握已经发生了的变化。如果对已经发生的变化无动于衷，那又怎么可能应对未来的变化呢？已经发生的变化，告诉我们这个世界将向哪个方向前进，也意味着企业家所领导的企业将以怎样的方式来适应未来的生活。一个企业必须有足够的文化底蕴来适应变化，否则，这个企业将在变化的狂潮中被撕裂。

对于有些企业来说，最大的问题不是做不好今天该做的事，而是缺乏危机意识，无法对未来可能发生的变化做好充分的准备。尤其是那些处在高速成长期的企业，只看到自身的快速强大，而忽略了在瞬息万变的商海洪流中可能面临的危机：金融危机、产品安全危机、品牌信任危机、人事动荡危机……

危机无处不在，如果不懂得以危机作为自己成长和进步的动力，企业将难逃失败的宿命。几乎所有成功的企业，想要持续发展，都必须注重未来可能出现的危机。

在全球经济的冬天渐渐逼近之前，嗅觉敏锐的马云已经开始准备如何过冬，并且已经为在严冬中积蓄力量做好准备，迎接阿里巴巴下一个春天的到来。面对即将到来的冬天，马云发出了“冬天并不可怕！可怕的是我们没有准备！”的呼吁。马云发表《冬天的使命》一文提出了两点过冬的措施：

第一，要有过冬的信心和准备！

冬天并不可怕，可怕的是我们没有准备！可怕的是我们不知道它有多长，多寒冷！机会面前人人平等，而灾难面前更是人人平等！谁的准备越充分，谁就越有机会生存下去。强烈的生存欲望和对未来的信心，加上充分的思想和物质准备是过冬的重要保障。阿里集团在经历了上一轮互联网严冬、非典等一系列打击后，我们具备了一定的抗打击能力。

2007年对上市融资机会的把握，又让我们具备了20多亿美元的过冬现金储备。集团年初“深挖洞，广积粮，做好做强不做大”的策略已经开始在各子公司得到坚决的实施。

我想对严冬的到来，阿里人应该拿出当年的豪情：If no now，When？ If not me，Who？（此时此刻，非我莫属！）

2001年我们对自己说过：Be the last man standing！即使是跪着，我们也要最后一个倒下！凭今天阿里的实力也许我们自己不会倒下，但是今天的我们肩负着比以往更大的责任，我们不仅要让自己不倒下，我们还有责任保护我们的客户——全世界、相信并依赖阿里巴巴服务的数千万的中小企业不能倒下！

在今天的经济形势下很多企业的生存将面临极大的挑战，帮助他们渡过难关是我们的使命——是“让天下没有难做的生意”在今天最完美的诠释！我们要牢牢记住：如果我们的客户都倒下了，我们同样见不到下一个春天的太阳！

第二，要做冬天该做的事！

一个伟大的公司绝不仅是因为能抓住多少次机会，而是因为能扛过一次又一次的灭顶之灾！2002—2003年间，我们抓住了互联网的寒冬大搞阿里企业文化、组织结构和人才培养建设。

今天，我们在感谢2007年上市给我们带来机会的同时，也要学会感谢今天世界经济调整给我们带来的巨大机遇。阿里巴巴从18人创业到今天超过1万员工，我们的文化、组织和人才建设也在快速增长下面临挑战，但也因此得到机遇，让我们这5年里轰轰烈烈地经历了组建淘宝网、支付宝公司，收购雅虎中国，创建阿里软件、阿里妈妈和投资口碑网，一直到2007年在香港上市。

在马云看来，形势比人强，变化总比计划快。企业在运行的过程中不仅要把今天的事做好，还要有危机意识，准备好明天要做的事。面对互联网的冬天，阿里巴巴只有做好过冬的准备，在严冬中“深挖洞、广积粮”，酝酿整个集团的下一个十年发展计划，并帮助中小企业一起度过漫长的冬天，才是长久的发展之道。

马云认为，作为经营者，要有敏锐的洞察力，要洞察未来的市场是什么，要把灾难扼制在摇篮之中。尤其是电子商务公司，要想稳步发展、获得成功，必须能够防微杜渐，站在整个大行业、大市场的全局高度上，在危机来临前或者危机刚刚萌发时，及时调整策略，及时遏制危机的蔓延，才能让企业持续地生存下去。

在企业经营的过程中，危机总会不知不觉地到来，如果一个企业只顾眼前的发展，丧失了危机观念，就好像一个人闭着眼睛开车一样，早晚会出事。切实做好今天该做的事，并时刻树立危机观，对经营不足之处加以改进，为企业未来的健康快速发展做好准备。

打动别人的往往是最真实的东西

没有品质做保障，冲得快，死得更快

2013年“双十一”前夕，马云在杭州阿里西溪园区淘宝城5号楼报告厅说了这样一番话：“打败阿里这话可能国外公司会说，但国内公司很少有人说这话。阿里不怕竞争，阿里现在已经成为基础设施类企业，这是14年来我们一点一滴做起来的。现在创业者、新进者想用一两年推翻阿里应该很难，而且一进来就想和天猫淘宝竞争，这是错的；应该多想想如何做补充，看看淘宝天猫还有哪些没做或没做好的，这样才是对的。”

马云敢放出“别想在中国打败阿里”这样的大话，他的底气来自于阿里沉积多年的过硬质量。没有什么营销手段能比过硬的质量更有说服力。“质量是企业的生命，所有企业都在这么说。”尽管马云从事着电子商务方面的经营，但对于平台上售卖的产品质量以及平台本身的运营管理质量都是高标准严要求。马云将产品的质量视为阿里生存的根本，也是商战竞争中制胜的根本。

马云在2007年《赢在中国》第二赛季晋级篇第4场中，关于销售日渐增温的普洱茶，与王力伟进行了一番交流。

马云：有人跟我讲，喝普洱茶对胃好，茶看起来越脏越好。这个茶是被你们炒大的，还是真的有这么好？

王力伟：我跟您说，真的有这么好，当然也有人在炒。

马云：重要的一点是普洱茶的质量，有了质量以后策划才可能成功。没有这些东西，所有策划都是不成功的。这是我的看法。

王力伟：很抱歉，今天没有谈到产品质量，是因为现场有同行。普洱茶生产上没有秘密，原料上也没有秘密。

正如马云和王力伟就普洱茶的营销所谈论的内容一样，“品质、质量没有秘密”。没有过硬的产品质量，神一样的策划也挽救不了失败的格局。然而，马云最终没有选择支持王力伟。对此，马云有自己的看法：“全国人民都说好的东西，我觉得一定会出问题。我不太相信那些策划的大仙们。蒙牛不是策划出来的，而是踏踏实实地做产品、服务体系做出来的……在整个讲的过程中，我很少听见产品、质量、服务这些内容，可能有了这些以后，再去做策划会更成功，没有这些东西一切策划都是空的。”

语重心长的马云其实是在用阿里的成长经验现身说法。阿里巴巴基本上是从一个“无资金、无技术、无计划”的“三无”状态走过来的。没有资金就赚资金，赚资金需要技术那就学技术，有了产品就要有计划地卖出去。营销是需要内功的，最好的内功就是肚子里有干货。因为坚强，阿里活了下来；因为策略，阿里走到了今天。

美国的经营模式虽然先进，但也是以优秀的产品质量为基础的，单纯地拷贝营销理念或形式无异于东施效颦。阿里无法通过这样的形式获得实际上的进步。因此，马云提出了一个观点：全球视野，本土能赢。在实际操作的过程中，阿里的奋斗者们从不拷贝美国的经营理念，而是自己设计业务模式，关注产品质量。“点击链接，得到商品”，这是马云和诸多阿里人的期望，也是阿里必须达成的目标。如果不能得到，那就是垃圾。

因为简单，因为优秀，所以成就。这是阿里的营销策划案，也是对外交出的成绩单。

优秀的品牌，全世界都记得住

马云对阿里巴巴的品牌保护，是从一个全球化的名字开始的。

关于阿里巴巴这个很有国际范的名字，马云曾经得意地说：“各个国家的人，每一个人我都问：你知道阿里巴巴吗？他们都知道，而且都能讲到芝麻开门。如今一听阿里巴巴这个名字，很多人都会笑：奇怪，怎么有这么奇怪的事情。你省下你的广告费了。”确实，马云很满意“阿里巴巴”这个名字：第一，人们容易记得；第二，全世界的发音都一样。“我们都希望它能成为全世界的十大网站之一，觉得它需要一个优秀的品牌、优秀的名字，并且让全世界人都记得住。”这是马云对阿里的全部寄托。

除了想出阿里巴巴这个名字，马云还决定要不惜一切代价拿下早已被他人注册过的 alibaba.com 这一域名。经过与那个加拿大所有者的一番长期周旋，外加 3000 美元，马云最终成功拿下了这一域名，并且很快又抢注了 alimama.com 和 alibaby.com。对于这一行动，马云说：“阿里爸爸、阿里妈妈、阿里贝贝本来就应该是一家。”在这样的思路下，马云为阿里巴巴注册了一个“全家福”。“我觉得有一天有人会搞个阿里妈妈来嫁给我们，不然就天天跟我们闹，所以我干脆把阿里妈妈注册下来。”

马云在品牌这一块想得很远。100 年之后，一个企业真正能留下来的，其实也就只剩下品牌了。一家企业，不管它的优势是表现在资源、技术、人才、管理还是营销方面，最终都会形成品牌的竞争力优势，这也是企业核心竞争力的最终表现。

广告为品牌提供的只有知名度，品牌的含金量本身是广告无法改变的。因此，相对于广告投放本身，马云更注重提升阿里巴巴的含金量：让阿里巴巴参加《福布斯》评选，使得阿里的品牌价值和融资能力得到业内人士的认可；聘请日本互联网投资公司软银的 CEO 孙正义担任阿里巴巴的首席顾问；聘请世界贸易组织前任总干事彼得 · 萨瑟兰担任阿里巴巴特别顾问……在成熟的市场环境中，高附加值只存在于品牌之中，这是企业能在未来平稳前行、顺利开拓市场的宝贵财富。

品牌保护是一个综合性的过程，并不是通过广告投放就能够完成的。根据《哈佛商业评论》的相关研究数据显示，如果客户的流失率降低 5%，平均每位顾客的价值可以提升 25%—100%。因此，企业在考虑营销策略的时候，不仅要关注产品本身能否卖得出去，还要关注能否通过品牌的魅力赢得顾客的忠诚。例如,如何让品牌永葆年轻,便是一个品牌维护过程中非常值得注意的问题。在一个品牌保护的过程中,如果不注重年轻因素的塑造,品牌就很容易老化,这个过程必然会导致顾客的流失。因此,增加年轻、活力、时尚感等因素,成为很多品牌都在思考的问题。

这个年代,上电视媒体打个广告已经不是什么新鲜事了,靠广告打品牌已经成了一条过气的路子。在大家都在关注"酒香到底怕不怕巷子深"这个问题时,所有人都应该注意到,"酒是否香"绝对比"巷子深不深"更有研究价值。

最好的营销,就是进入消费者的手机

随着智能手机的日渐普及,手机消费对网络消费的影响也日渐增强,特别是在社交化分享这一块,手机消费为电商发展带来了一个全新的突破口。智能手机、社交网络、移动生活,整个移动互联网行业不仅改变了人们的生活,也给整个社会的经济发展、生产模式都带来了全新的变革,甚至已经开始颠覆传统行业。

智能手机的普及对于网购用户基数的增长起到了巨大的推动作用,并且让三、四线城市和农村的用户跨越了之前固网宽带时代的局限,从传统商业交易时代一步跨入移动购物时代,让购买力有了井喷式的增长。据相关数据统计显示:直到2011年,中国移动端交易占比还不到2%;2012年,移动交易占比达到了4%,相关专家预估这一比重将会继续增加。网络购物会因为移动互联网而取得进一步的发展,而这一切都是从智能手机开始的。

马云很早就开始关注移动互联网,而且他认为阿里巴巴在移动互联网的基础投资、数据、技术、计算等方面,会比之前的PC互联网投入更多。为了更好地抢占移动互联网的先机,马云先是希望在移动互联网市场建立一个与淘宝相近的平台,通过搭建平台的方式获利,而不是在这一平台上进行商品售卖。

为了更好地推动移动互联网事业的发展，阿里成立了专门的无线事业部，并在每个事业部内形成独立的无线业务块，由内而外地衍生出更多的无线产品。这一举措取得了显著的成效，据相关数据统计：截至2012年，无线淘宝的访问量突破了3亿人次，成交用户达5700万，占比19%。无线淘宝、支付宝的交易额占比大淘宝的比例由1.77%增至6.87%，同比增长近3倍。

面对移动互联网的未来，马云表现得信心满满："我个人觉得手机将来会成为数据消费器，它真正改变了生活方式。如果PC改变了我们的工作方式、生产制造方式，无线互联网是生活方式的变革，中国未来会因为无线互联网而发生天翻地覆的变化。我们都很关注这个。我们其实早在三四年以前就开始在公司内部讨论，做了很多部署，我们从OS、从数据方面做了很多工作。今天来讲，中国在无线互联网上的应用还不算很丰富，但是有很了不起的，像腾讯做的微信，这是应用层面的。今后还会层出不穷。"

在移动互联时代，最好的营销方式就是进入消费者的手机，在社交化分享的过程中达到品牌营销推广的目的。

赢钱的都不打常规牌

出其不意的名字往往引得关注

营销需要一个好听的名字，这一点毋庸置疑，但怎样的名字是好名字？马云说，一个好的东西往往是说不清楚的，说得清楚的往往不是好东西。的确，好的东西往往说不清，比如"天猫"，你觉得这个名字好听吗？或许现在很多人都认为，"天猫"这个名字谐音好记，有特色，但这个名字最开始的时候，并不被大多数人认可，甚至遭到了诸多的反对。

回忆当年给淘宝商城取名的情景，马云记忆犹新："当年淘宝商城要改名字，同事们取了很多名字备选，我都觉得太正统、太直接，缺乏想象力。晚上回家，睡觉前冲凉突然想到'天猫'二字，兴奋异常。当即打电话给同事。话筒对面传来悲愤之声：'这咋行啊！太土了！'"然而马云却并不死心，而是继续给更多的同事朋友打电话，结果却招到了更多的嘲笑和劝阻。这种状态并没有因为日历的翻页而有所改观，马云第二天来到办公室以后，还有同事在为淘宝商城将改名"天猫"这个难听的名字而讨论不止，有一部分出差或外出的同事甚至还通过自己的伙伴向马云传递自己的想法——"天猫"这个名字真的不行。

同事们这般激烈的反应反而让马云眼前一亮："既然人人都讨厌这个名字，说明这名字的独特性。名字本没有意义，念的人多了就有意义了。我认为名字就是为了被记住，骂的人越多，传播得越快。"

最终，"天猫"这个名字在马云的力挺之下强势推出，也正如大家所预料的一样，一时间，关于"天猫"这个名字的骂声此起彼伏。与此同时，也正如马云所预料的一样，在一片骂声中，关注度很快就上去了，"天猫"这个新名字也以这种特殊的方式向全世界宣传。

2012 年 1 月 11 日，淘宝商城在北京举行战略发布会，并正式宣布，"天猫"取代原有的"淘宝商城"名称。和最开始改名的时候不同，此时的媒体是这样报道天猫的：淘宝商城更名"天猫"，2011 年交易规模超千亿元。

马云认为，很多人过高估计了好名字给营销带来的推动作用。实际上，名字本身的好坏并不特别重要，重要的是在企业运作稳定之后，如何给名字加入文化内涵，这比名字本身更有实际意义。"天猫"跟淘宝商城的中文域名 T-mall 发音接近，但是"天猫"的含义却远不仅如此。总的来说，除了音近之外，最终拍板"天猫"这一名字的原因有 4 个。

第一，出其不意的新名字容易引起人们的关注。或许有很多人说被"天猫"这个名字震惊了，但也许有更多人因此而记住了这个名字。

第二，暗示天猫的反应能力出众。猫这种动物的反应能力相当出色，在发现目标后能够迅速做出反应，捕捉到目标。“天猫”更是喻指淘宝商城的能力出众。

第三，预示天猫能够屹立于电商界，能够长命百岁。猫的生存能力很强，传说有9条命。即使将来可能有磨难，但是有9条命的天猫会不断重生，哪怕九死一生，天猫也将成为百年老店。

第四，象征B2C业务正式从阿里中独立出来。叫淘宝商城的话还是会让人觉得与淘宝品牌类似，容易出现淘宝、淘宝商城“傻傻分不清楚”的局面，改叫天猫能使辨识度更高。

马云刚想出“天猫”这个名字的时候，最初只有发音一个原因，后面才补充了上述的第一点。其他几点都是后面为了营销而加上来的。没错，营销就是要这么做。那些一开始就为名字想太多的人，其实是真正的白费力气，因为你做出名堂之后，怎么说都是合理的。

名不见经传时，用用名人效应

马云策划的“西湖论剑”大会名动天下，在互联网寒冬激起一片涟漪。这项活动让原本在国内名不见经传的阿里巴巴变成了国内家喻户晓的电商网站。首届“西湖论剑”一炮而红，各大媒体的镜头纷纷对准了这个一年一届的新盛会，使得后来几届“西湖论剑”的举办变得有如水到渠成般顺利。

正所谓万事开头难。在举办首届“西湖论剑”的活动时，马云只是有个很好的想法。“2000年，中国互联网喜忧参半。新浪、搜狐、网易在纳斯达克上市了，但由于市场的波动，也有人对互联网产生了怀疑。在这个时候，我们有责任说说我们对互联网的现状和前景的看法。”这是马云提议办西湖论剑的初衷。但是，在2000年的时候，阿里巴巴才成立1年，整个互联网行业又不是特别景气，马云想搞这样一个活动也得有人愿意买账才行。从当时的情况来看，大家似乎都是半斤对八两，马云心里也清楚，自己当时也没有那么大的魅力，吸引网络精英不远千里来到杭州。

要是有个名人来号召，这个大会就一定能开成。想到这里，马云脑子里最先闪现的就是金庸。在金庸的这块金字招牌下，马云很快就邀请到了当时中国三大网站的三大掌门：网易的丁磊、搜狐的张朝阳、新浪的王志东，此外，马云还请到了“中国电子商务之父”王峻涛。

一时间，“西湖论剑”因为名人齐聚而名声大噪，很多媒体因为这强大的明星阵容而纷纷赶往杭州。5人之中，当时实力最弱的便属马云创立的阿里巴巴，无论是名气还是实力都要输去一大截。但“西湖论剑”的成功举办，很快让阿里巴巴的名字享誉全国，并且开始走向世界。当天与会的还有来自加拿大的驻华外使、英国驻中国上海的总领事以及50多家跨国企业的在华代表，与会的更多人员则是数百名不请而来的记者和慕名而来的诸多听众。很快，“西湖论剑”成了阿里巴巴的一个推介平台，成功地将阿里巴巴的名字连同马云一块儿营销了出去，并且为阿里的未来发展铺就了一条顺畅的道路。后来，只要一提到中国的五大网站，人们自然而然地会想到，除了新浪网易搜狐之外，还有一个长相奇特、名叫马云的人创立的阿里巴巴。

虽然马云私下里非常喜欢读金庸的小说，而且阿里内部也推崇武侠文化，甚至阿里总部的办公室以“光明顶”来命名，但这并不是马云邀请金庸的出发点。马云认为：“网络是商业，网络是生活，金庸目光的穿透力是不多见的，年轻的互联网需要指点。”金庸在武侠小说中对江湖英雄的侠义做了独到的诠释，马云也希望金庸能用独到的视角给当今的网络江湖予以点拨。

会后，金庸给与会的“五大网侠”每人发了一本《笑傲江湖》。在马云看来，这暗含了一种美好的寓意，也是马云最想听到的祝福。

造料，让媒体主动报道你

营销需要炒作，炒作就要有料，没料就赶紧像阿里巴巴的“西湖论剑”

大会一样去造一个料。

“我想把‘西湖论剑’作为将来中国中小企业发展、成长的领导艺术、领袖艺术的交流平台，这也是我们要做的社会责任。”最初的“西湖论剑”只是一个讨论会，马云最初并没有预料到会取得如此惊人的效果。面对这一凭空创造出来的重大机遇事件，马云毫不客气地说了一句：“‘西湖论剑’要不定期地办上30届！”从第3届“西湖论剑”开始，在马云的眼里，它已经不仅仅是一个网商大会了，而是成了阿里巴巴发展史上一年一度的重大事件。

创造事件的成本并非都像阿里的“西湖论剑”这么大手笔，更多的时候，一个态度就足以达到同样的效果。相对于事件的规模而言，媒体或许更青睐不一样的视角和更新鲜的态度。

2011年2月21日，2326名涉嫌欺诈的“阿里大盗”让阿里巴巴陷入信任危机，也令马云不得不以高管引咎辞职的方式自曝家丑。一时间，阿里巴巴的“欺诈门”事件引发了社会的高度关注。针对这一阿里内部的重大事件，马云写了一封内部邮件，其中有一段话是这样的：“过去的一个月，我很痛苦，很纠结，很愤怒……客户第一的价值观意味着我们宁愿没有增长，也绝不能做损害客户利益的事，更不用提公然的欺骗。如果今天我们没有面对现实、勇于担当和刮骨疗伤的勇气，阿里巴巴不再是阿里巴巴。”很快，阿里巴巴B2B上市公司对外发布了一则公告，称董事会已经批准CEO卫哲、COO李旭辉引咎辞职。这封邮件很快从互联网的门户网站、博客、论坛、空间以及各类媒体中以爆炸式速度快速传播开来，让公众最快速、最及时地了解到了阿里巴巴的态度。

针对这起事件，马云和整个阿里的处理非常迅速，外界对此也是议论纷纷。阿里巴巴当家人能够自揭家丑、厉行处罚，这一点至少赢得了很多人的赞誉。在“毒奶粉”事件等一系列企业道德危机爆发的恶劣大环境之下，媒体对阿里巴巴“诚信通不诚信”的事件则一改一边倒的批评。人们看到了阿里犯下的错误，但也对阿里改过自新的行动表示欣慰。

“欺诈门”的爆发是一个偶然事件，但在正确和及时的处理之下变成了马云的一场“公关秀”。

学会搭便车，戏里戏外有套路

随着科技的进步，互联网用了大约10年的时间在中国铺开一张全新的网络。这个新事物吸引着社会上诸多人的目光，在大多数人还持着一种观望态度的时候，很多年轻人已经率先表现出一种跃跃欲试的态度。他们热衷于网上聊天，喜欢网络游戏，青睐网上购物，他们或许并不清楚互联网发展的来龙去脉，但却成了网上生活的忠实粉丝。

这批年轻人还喜欢什么？他们热衷娱乐消费，追星，看大片，关注娱乐节目，紧跟时尚潮流。这种消费群体的存在很快引起了阿里人的注意：淘宝是一个全新的电子商务平台，而电子商务的潜在客户正是热衷于网络的年轻人，他们喜欢潮流和现代的元素，如果将他们喜欢的东西做一个整合，应该是一个不错的营销方案。

在这样的思路影响之下，淘宝开始大胆尝试电影营销。淘宝的第一个目标锁定的是《韩城攻略》。或许是事先的功课做得不够，淘宝并没有在这部电影中尝到多少甜头。然而，马云坚信，电影营销的思路是正确的。在经过慎重的考虑之后，淘宝很快锁定了第二部电影——《天下无贼》。为了让电影营销取得实质性的效果，淘宝网一次性投入1000万元的资金，为营销提供充足的资金支持。除了广告贴片、海报宣传、新闻发布等传统的推广套路之外，淘宝网还拿到了《天下无贼》的试映权。

淘宝为什么在前一次试验不成功的情况下，仍在《天下无贼》这部片子上押宝？马云看中了这部片子的市场。它是冯小刚导演力推的贺岁片系列，有着庞大的预期受众，淘宝拿到试映权就相当于抢占了先机，渴望先睹为快的人只能去淘宝上观看片花，这就相当于给淘宝做了搭车推广。事实上，人们在等待《天下无贼》正式公映的时间里，已经同时把淘宝的名字铭记于心。在《天下无贼》正式上映时，这种搭车营销的力度就更大了："《天下无贼》上映了，就是淘宝上之前放的那个片子。"《天下无贼》火了，淘宝也跟着火了。虽然在今天看来，这种广告植入略显生硬，但却开辟了一个全新的搭车营销的模式。

《天下无贼》下映之后，淘宝网与《天下无贼》的合作并没有结束。片中明星用过的道具成了淘宝拍卖会上热捧的对象，1元的起拍均价，最终都被炒到了成百上千甚至破万的价格。这种前无古人的新鲜事，想不火都难。

趁着《天下无贼》的火热，马云又盯上了《头文字D》，并且又做了一回名利双收的事情。在这一次的搭车中，《头文字D》制片方香港寰亚电影公司联手中国国家邮政总局，打造了一套《头文字D》的珍藏纪念邮票。这件在中国邮票发行史上破天荒的事情，最终让淘宝得了个大便宜——淘宝是官方指定的唯一销售渠道。究其原因就是一个：淘宝太火了，地球人已经阻挡不住了！

停在原地不动，只能吃土

成功不在于你做成了多少

马云说，2017年阿里巴巴将不再提电子商务，"过去基本上是以知识驱动的科技革命，未来趋势不仅仅是知识的驱动，未来趋势是智慧驱动，数据驱动"。

营销也一样，随着时代的发展，营销已经不仅仅局限于打广告卖东西这种简单的模式，而是一种资源的综合调配，一种促成企业实力整体提升的销售运作手段。除了传统的市场营销、网络营销等方式之外，搜索引擎营销、病毒营销、个性营销等方式也逐渐被商家认可。阿里走的就是多元智能立体化营销的路子，为了营销，阿里什么都敢尝试，收购恒大足球、新浪微博、高德地图、优酷视频，等等。为的就是通过多元化的途径，打开阿里的未来之门。有人曾经向马云请教，为什么他能取得今天的成就。对此，马云回答道："成功不在于你做成了多少，而在于你做了什么，历练了什么。"

马云对阿里提出了几个目标：第一，要成为世界十大公司之一；第二，要持续发展102年；第三，只要是商人都要用阿里巴巴。在这3个目标没有达成之前，阿里对于"成功"二字闭口不谈。关于如何前进，马云提出了自己的观点："阿里巴巴最大的财富不是我们取得了什么成绩，而是我们经历了这么多失败，犯了这么多错误，我说阿里巴巴一定要写一本书，这里是阿里巴巴曾经的错误。这些错误，你听了会笑着说，那时候我也犯过。有一天如果有重要项目，就不要派常胜将军上去。要派失败过的人上去。失败过的人，会把握每一次机会。你不要看今天我很风光，我前面犯了很多错误，今后也会犯很多错误。"

正如马云自己承认的那样，阿里成长道路上犯的错误并不在少数，比如辛辛苦苦建立的口碑网最终丢掉了口碑，淘江湖平台最终隐退于江湖……有些甚至是致命的错误，其中最为典型的就是并购雅虎中国。

早在2005年，阿里巴巴因为看中了搜索引擎在未来电商发展过程中的重要意义，也看到了搜索引擎营销模式带来的连锁影响，因而斥资收购雅虎中国全部资产，同时得到雅虎10亿美元投资，雅虎置换阿里巴巴集团40%的股份。然而，仅仅过了3年时间，阿里巴巴便把雅虎中国门户网站和旗下的口碑网加以合并，雅虎在中国市场的道路走向了终结。直到2012年9月，阿里巴巴集团耗资76亿美元才从雅虎手中收回21%的股份，此时的雅虎中国不仅不能给阿里带来任何利益，还需要阿里花钱供养。其间，微软曾出面表示收购雅虎，阿里巴巴甚至面临了一场"被购危机"。可以说，雅虎事件不仅让阿里接下一个包袱，到后来还惹了一身腥。

马云收购雅虎的算盘错在哪里？随着阿里的快速发展，为阿里注入新鲜血液和理念成了非常重要的事情，马云迫切地想要为阿里找一个世界级的网络靠山，希望和雅虎的合作能给电子商务注入新的概念和活力。正因为这样的一个简单初衷，马云一眼相中了雅虎，加上雅虎也做了搜索引擎，如果能够成功并购雅虎，必然能为阿里带来如虎添翼的效果。

实践证明，马云的发展理念没有错，但操作手法是错的。对于这次的失败，马云表现得非常坦诚："电子商务确实是离不开搜索，但是不代表随便收购一家牛逼的搜索技术公司，就能获得搜索的优势。由此可见，有的战略只是'理论上'可行，收购整合并不是那么简单的1+1=2。"

犯错了，不怕，站起来，在错误中学习，才能培养解决问题的能力，如果一旦犯错就畏首畏尾，或驻足观望，那企业不仅走不远，最后还可能穷困潦倒，一不小心沦落到吃土。

露脸，讲话，把企业推出去

2017年5月12日，新闻证实周星驰将导演《功夫2》，而阿里巴巴董事局主席马云将成最贵配角！

马云绝对是一个营销高手，他经常参加各种演讲，活跃在各种论坛之上。今天可能在中国参加活动，明天可能就去美国做宣传了。2004年9月，阿里巴巴的广告登录美国CNBC电视台，每天循环滚动播出。借着这个机会，马云抛下了一切的工作，又开始在世界各地跨越式飞行。马云先后参加了香港福布斯大会论坛、美国福布斯全球CEO论坛，并且接受国外媒体的采访，甚至还毛遂自荐充当中国电子商务的公关大使。

频繁露脸的马云受到了各行各业的广泛关注，人们开始发掘马云和阿里巴巴背后的故事。马云数学考过1分，高考考了3次，曾经当过英语老师，对电脑完全是个白痴，喜欢看金庸写的武侠……人们对于马云的生平经历几乎如数家珍，这很好地拉近了马云与大众之间的距离。人们为什么喜欢听马云演讲？因为实在，而且他跟我们身边的一个平常人一样，让人觉得没有距离感。

特别是在中小企业的创业者眼里，马云绝对是最有吸引力的偶像。马云还曾因为现身中国首届网交会的开幕式而引发了现场的骚动，使得广州流花展馆内一片沸腾。在众多与会者的眼里，有没有开幕式似乎已经无所谓了，有马云就行。

马云的活跃让自己的名气连同阿里一块漂到了大洋彼岸。英国前首相布莱尔在2003年访华的时候，非常明确地提出“我要见一见马云，他改变了全球商人做生意的方式”。全球最大的网上零售商店亚马逊创始人杰夫·贝索斯也称赞马云：“不仅在中国，在全世界的范围内，马云也是最棒的。”就连比尔·盖茨对马云也颇有兴趣，在被问及“谁最有可能成为中国的比尔·盖茨”这个问题时，盖茨毫不犹豫地说出了马云的名字。

作为一个商人，却如同明星一般活跃在媒体的镜头之前，马云的行动为企业的营销走出了一条新的道路。有人说《赢在中国》成就了诸多青年的创业梦想，但不可否认，马云绝对算是《赢在中国》最大的赢家之一。马云用自己独特的演讲风格、幽默风趣的语言、深刻有远见的眼光博得了公众的好评，借助各种媒体传播出去的企业理念、企业文化与价值观更是成了人们竞相学习研究的内容。马云为什么说这些？因为这些是阿里的成功真经。就这样，马云借助了媒体这个最有力的推手，将阿里巴巴推了出去，无形之中做了一笔名利双收的买卖。

“云+端”：马云的新布局

随着移动互联网时代的发展，移动设备成为用户的首选，用户的消费习惯也在随之转变，过去传统的商业运作也逐渐向互联网化、数字化转型，商业市场由原来的扁平化逐步趋向立体化。在全球范围内，云计算已是大势所趋。来自有关市场研究机构的数据显示，2014年第二季度，全球云服务市场增长45%，而传统IT市场只增长了4%。此外，企业在云服务上每消费1元钱，传统IT投资将减少4元钱。

基于消费者资产的数字全服务公司云像数字CEO安士辉表示："当下互联网市场发展趋势飞速变化，消费者在数字生活空间与现实生活空间中交互转化，具备很强的数字化特征。当消费者成为品牌的中心点时，各行业在产品制造、企业营销、企业责任等方面，都要重新定义与消费者的关系，创新与消费者的互动模式，为消费者创造需求与价值体验。"

马云曾经很明确地提到过他未来10年的战略目标，就是"建立DT(数据处理技术)数据时代中国商业发展的基础设施"，云端("云+端")将是未来移动互联网的关键。

阿里云是阿里巴巴集团于2009年9月成立的子公司，专注于云计算领域的研究和开发，目标是要打造互联网数据分享的第一平台，成为以数据为中心的先进的云计算服务公司。

阿里云的理念更倾向于亚马逊的设计方向，就是在优化基础设施的基础上，为中小型企业提供云服务。在这个趋势上，阿里巴巴有一个理念，就是设计一个云计算和大数据的生态圈，在这个生态圈中，主力军就是创业者和中小型企业，而一些更精锐的领导型企业也是阿里云要吸引的用户，希望成就一种"蚂蚁与大象共舞"的生存状态。由此可见，阿里云是想要将自己的平台打造成云计算的"公共电网"，而在这个平台上的云服务商就可以成为类似"家用电器"公司这样的角色。阿里云在2014年11月1日宣布启动了"云合计划"，拟招募1万家云服务商，基于阿里云计算平台为企业和政府等客户提供云服务。对于这些云服务商，阿里云会为其提供技术扶持、培训、资源共享等，让一些商户完成IT服务向云服务的转型。

在云计算的布局上，阿里巴巴已经逐步开始布局自己的大棋盘。

2014年4月，马云宣布同意购买恒生电子20%的股权，不过，阿里巴巴集团并未对恒生电子进行投资。恒生电子与阿里巴巴旗下的金融服务子公司合作，共同运营支付宝电子支付服务。阿里巴巴旗下阿里云负责服务器和其他计算设备数据中心的运行，而恒生电子是其客户。也就是说，两者在云数据交流上存在一定的联系和业务沟通。

同年，阿里巴巴集团还招募了全世界各地的高级科学家（分别来自西雅图、硅谷、北京、杭州），这些科学家分别属于阿里旗下的一个新机构——IDST（Institute of Data Science&Technologies，数据科学与技术研究院）。这个机构是用来推进阿里巴巴集团的前瞻性研究与应用的。这些科研人员的加入，也会使得阿里巴巴拥有更为强势的前沿性视角和推进资源，而阿里集团也能够提供全球最大规模和最有价值的电商数据。

同样，2014年的“双十一”战略，马云提出了三大方向——国际化、无线化和平台化。如果以前阿里的战略是将中国的产品或服务推向国外，那么现在已经开始转变——将国外的产品或服务引向中国国内。所以，2014年的“双十一”有个特点，就是消费者能够买到全球的产品，而不只是国内的产品。阿里“云+端”战略落地的“码上淘”已经在“双十一”发挥了作用。2014年参加“双十一”的全体店铺，可通过“码上淘”包裹码业务提前开启店铺的互动到店营销活动。消费者通过扫描包裹二维码，直接参与店铺红包活动。2014年“双十一”前，手机淘宝和手机天猫将发布“双十一”特别版，根据大数据应用为用户定制属于自己的“双十一”页面。

我们可以看出，阿里的“云+端”战略已经在逐步优化和升级，不停地增强其使用性。这不得不说是阿里巴巴的一大优势布局。

越过眼前的苟且，才有远方

没有社会责任的企业走不远

一个企业家创办企业，肯定有自己的初衷、自己内心的真实目的。马云有着独特的企业家情怀，他对企业家的社会责任感有真切的看法，并且将之付诸行动。这些其实是他创建阿里巴巴的内涵和延伸，是他做企业的真正动力和目的。

马云希望电子商务能让更多的人就业，这样家庭才能稳定，事业才能发展，社会才能稳定。他用自己的理论唤醒他人，用自己的行为感染他人，这也是企业家社会责任的一种体现。

马云对企业、企业家与社会责任三者之间的关系有自己的理解。他认为社会责任不该是一个空的概念，也不应单纯局限于慈善、捐款，而是与企业的价值观、用人机制、商业模式等息息相关。做企业是要赚钱，赚很多的钱，许多人都这么想，但这不是阿里巴巴的目的。让员工快乐地工作、成长，让用户得到满意的服务，让社会感觉到企业存在的价值，这才是阿里巴巴的责任所在，至于赚钱和社会回报，那是水到渠成的事。

在2006年以"新财富观：社会责任价值共创"为主题的中国管理100年大会暨"双十"颁奖典礼上，马云再次阐述了他对社会责任的理解。他觉得在中国的企业，有三件事情是最重要的：第一，必须对自己提供的产品和服务承担起社会责任。就算挣再多的钱，但是制造的产品跟服务是对社会有害的，哪怕捐再多钱他也看不起这些人。第二，依法纳税。一方面想着避税，一方面又想着年底要捐多少钱，这些人也不少，马云也看不起。第三，在中国现在的形势下，企业家最稀缺的资源应该是把所有的钱用于扩大自己的经营，增加就业机会。现在大学生说找不到就业机会，马云觉得大学生需要的不是低廉的工资，大学生需要的是就业机会，而创业机会最大的是企业家。马云表示如果自己今年60岁、70岁，也会像李嘉诚、巴菲特那样把自己的钱捐出去，但是今天他觉得最重要的是创造优质的服务、优质的产品，能够依法纳税，能够创造更多的就业机会，让更多的人有工作，在社会上生存。

社会责任一定要融入企业的核心价值体系和商业模式中，才能行之久远。也就是说，一个企业的产品和服务必须对社会负责。如果卖的产品和提供的服务对社会有害，即使做得再成功也不行。

在马云看来，中国今天还没有世界级的企业，中国的企业还很小，路还很长，企业家把自己的企业做好，自己的产品和服务对社会承担责任，依法纳税，创造更多的就业机会，这可能是当今企业家首先要承担的社会责任。

爱默生说："责任具有至高无上的价值，它是一种伟大的品格，在所有价值中它处于最高的位置。"领导就意味着责任，承担责任会赢得更多的尊重。只有你承担起责任来，才能将整个团队带好，才有领导的魄力和使人信服的能力。

2013 年 5 月 10 日，马云在卸任阿里巴巴 CEO 时的演讲中说：

"做公司，到这个规模，我很骄傲，但是对社会的贡献，我们这个公司才刚刚开始。"

"我们今天得到的远远超过了我们的付出，这个社会在这个世纪希望这家公司走远走久，那就是去解决社会的问题，今天社会上有那么多问题，这些问题就是在座各位的机会。如果没有问题，就不需要在座的各位。"

"阿里人坚持为小企业服务，因为小企业是中国梦想最多的地方。14 年前，我们提出了'让天下没有难做的生意，帮助小企业成长'。今天这个使命落到了你们身上，我还想再为小企业讲，人们说电子商务、互联网制造了不公平，但是我的理解是互联网制造了真正的公平。"

企业是社会的细胞，社会是企业利益的源泉。企业在享受社会赋予的条件和机遇时，也应该以符合伦理、道德的行动回报社会、为社会奉献。很多优秀的企业早已证明了这一点：社会责任感强的企业，才更受尊重。

作为中国"最具社会责任感企业"和"中国最受尊敬企业"的青岛啤酒靠的是实实在在的行动，社会的认可和肯定是它社会价值高于企业价值的充分体现。

2008 年 1 月，中国南方遭遇了 50 年一遇的罕见冰雪灾害。1 月 29 日，青岛啤酒紧急抽调湖南区域上百名员工，给上万名受困群众送去面包、饼干、纯净水、棉大衣等救助物资。青岛啤酒的员工与政府工作人员、一线媒体记者、广大部队官兵一起在刺骨的寒风暴雪中给受困数日的群众带去温暖。

从1月29日早上8点到30日凌晨2点，100多名青岛啤酒员工奔走在京珠高速上，在救灾物资都已发放完毕的情况下，青岛啤酒的员工毫不犹豫地将身上的棉袄也脱了下来，送给被寒冷折磨的司机和乘客，而他们自己仅穿着单薄的衣裳继续传递爱心。

在全国助残日活动期间，青岛啤酒为残奥会捐赠150万元人民币，用于残奥会的筹备和赛事使用，支援中国残疾人体育代表团更好地备战残奥会，让更多的残疾朋友参与进来，感受奥运带给大家的激情与活力。

企业不关注责任、不关注未来是走不远的。企业履行社会责任与企业品牌建设有着直接、深切的联系，履行社会责任已经成为企业品牌建设的新的路径。把社会责任纳入企业的发展蓝图，这样的企业才能走得更稳、更远。

做今天的努力，赚未来的钱

阿里巴巴最初做的是电子商务，但马云从来没有将阿里巴巴定位为电子商务公司。马云给阿里的定位是“一家不以挣钱为第一目的的数据公司”。如果一开始就想到赚多少钱，能不能卖出一个好价钱，那么阿里绝对不会变成今天的阿里。

在做互联网之前，马云就知道最开始一定是挣不到钱的。“为什么你们有1亿用户收入还这么低？因为现在中国网民基本上都是十几岁或二十几岁，刚刚大学毕业。今后他们有钱了，愿意花钱，5年后的中国互联网机会会更加多一点。”当时做网络的都要经历这样一个阶段，其实任何一件新事物的出现都会经历这样一段艰难的时期。因此马云的营销，第一步从来不是为了钱。

马云希望将阿里打造成一个平台，成为推动社会发展的动力源，将更好的技术带入社会，使人们的生活更快地走向未来。甚至在关于阿里上市的问题方面，马云也调侃道：“我们在中国香港还是美国上市，对我们来讲并不重要，中国香港或者美国因为我们发生变化更为重要，这是我们的乐趣所在。”

营销是一种手段，更是一种理念，这对于日益庞大的阿里来说显得更为重要。今天能够日进百万与明天能有100个人选择阿里，马云更倾向于后者。因为马云的营销已经不局限于如何为当下的产品带来多少的业绩提升，而是通过表达先进的理念，让阿里能够赢在未来。做今天的努力，赚未来的钱，这或许是对马云当前营销理念的一种很好的诠释。

入股医药行业和文化产业，这是马云的最新动向。和以往的理念一样，并不是因为这两个行业利润丰厚而入股，试图分得市场的一杯羹。“目前中国的水污染、环境污染、雾霾非常严重。10年后，中国可能会出现大量的患者，而中国目前的医药行业混乱，假药和骗保药比重很大。虽然目前中国的经济在高速发展，可我们的文化发展却有些停滞，我们相继入股医药行业和文化产业，就是为了布局未来10年，希望能够改变社会这种状态。”马云为此简明扼要地表明了自己的意图，也希望这种发展的理念能够为阿里的未来赢得更多的支持。

做今天的努力，赚未来的钱。这种思维，源于马云一路走来的经验。从起步的中国黄页，到后来被称为“互联网第四模式”的阿里巴巴；从完善整个电子商务体系到进军电子钱包，再到大手笔入股银泰、恒生，强势整合玩转大数据布局，马云的眼睛从来没有关注眼前的丰厚利益，而是未来社会的动向。为此，马云说：“80年代的人不要跟70年代、跟60年代的人竞争，而是要跟未来、跟90年代的人竞争，这样你才有赢的可能性。”

一心想赚钱的人到最后往往都赚不到钱，把公司做好的企业别人也挡不住它赚钱。阿里的初衷就是这样，并且用实际行动很好地解释了营销之中“无心插柳”与“有心栽花”之间的学问。

保持远见，慢一步差10年

在2017年全球50大最聪明公司榜单里，马云所创立的阿里巴巴、支付宝母公司蚂蚁金服两家公司均在之中。根据《麻省理工科技评论》的预测，入选的公司在未来或将成为主导行业的公司。

马云说，未来的制造业将从B2C彻底走向C2B，即按需定制，注重智慧化、个性化、定制化。新零售、新制造、新金融、新技术、新能源，这5个“新”将会对各行各业产生巨大的冲击和影响，把握者胜，逆流者将会亡。

马云，不仅是一个时代把脉者，还是一个商业战略家。他高瞻远瞩，洞若观火，他用自己独到的思想打造着新的商务生态系统，创造着阿里帝国。

从12岁苦学英语开始，马云采取的就是“永远不做大多数”的理念。尤其在商业上，马云总是用一种与众不同的思维来征服大众，从一个草根逆袭成中国首富，他似乎总是在用自己的特立独行打造着传奇。

在其他人都不看好互联网的时候，他孵化出中国黄页，从中国黄页到阿里的历程不得不说是他骑着盲虎贩卖梦想的过程。在所有人都热衷eBay的时候，淘宝网诞生了，他用一种免费战略撬动了eBay易趣在中国的生存基石。在每个人都觉得他只想做好中国市场的时候，他走向了全世界，将整个世界都纳入了他的阿里帝国运作战略之中……

论智慧，论领导力，论影响力，其他企业家也不差，但缺少的往往是远见。如果不是马云的远见和分享精神，谁能想到一家独创新模式的电子商务公司，一家只做“小商人”的“小生意”的公司，能够一上市就市值数百亿美元，成为今天中国互联网企业的领跑者呢？

成大事者都是有远见的人，因为只有把目光盯在远处，才能有大志向、大决心和大行动。那么，远见是什么呢？美国作家乔治·巴纳说：“远见是心中浮现的将来的事物可能或者应该是什么样子的图画。”

拥有远见，就能够预言未来。缺乏远见的人会被未来弄得惊惶失措，变化不定会让他们无所适从，随处飘荡。而那些放眼长远、视野开阔之人，加上自身的勤奋努力，将来则很有可能实现他们的目标。诚然，未来是没有办法保证的，但是有了理想和远见，成功的概率就会更高了。马云正是拥有远见并且能够变梦想为现实的人。

在湖畔学院马云曾讲过一段话："什么时候你要讲好，什么时候你要讲坏，这是一种眼光、一种远见。远见是一个优秀的船长最重要的功能，他要能告诉大家，什么时候有风暴要来了，这是他的经验、他的眼光、他的远见。我觉得在不同的角度上，你比别人看得更远、更宽、更长、更独特，这才是最关键的。商鞅变法是被人恶骂的，王安石变法的时候也被恶骂，但由于商鞅变法，秦国发生了变化，由于王安石变法，宋朝发生了变化，后面的时代发生了变化。看待一个历史事件，我们要从长远的眼光来看。"

每个人的视野、视角要看得更宽、更远、更深、更独特，然后你才能抓住这个机会。所有有成效的领导者，都有预见他们必须完成什么的能力。这种远见变成支持任何努力的活力，强力推进他们冲破所有难关，不为外力所控制。

被形容为"鬼才""怪才""奇才"的林百里说过："高科技产业竞争的是速度，慢一步可能差10年。所以，领导者除了和竞争者比销售量规模、营业收入增长和获利之外，还要比自身的能力，比'应变能力'和'危机管理'的能力，千万不可陶醉于眼前的成就，更不可被胜利冲昏了头脑。而应变能力和危机管理的能力，就是所谓'居安思危''未雨绸缪'之意，就是要有远见。在迈向知识密集型的时代，假如领导者不能虑及、思及未来三五年，甚至10年后可能的变化，那就要准备被淘汰出局！"

图书在版编目（CIP）数据

未来，相信而看见：马云的商业管理智慧 / 星野编著. —杭州 ：浙江人民出版社，2018.4

ISBN 978-7-213-08459-1

Ⅰ. ①未… Ⅱ. ①星… Ⅲ. ①电子商务-商业企业管理-经验-中国 Ⅳ. ①F724.6

中国版本图书馆CIP数据核字(2017)第290867号

未来，相信而看见：马云的商业管理智慧

星 野 编著

出版发行 浙江人民出版社(杭州市体育场路347号 邮编 310006)

市场部电话：(0571)85061682 85176516

责任编辑 郦鸣枫

责任校对 徐永明

电脑制版 武汉鑫美图文设计有限公司

印 刷 浙江新华印刷技术有限公司

开 本 710毫米×1000毫米 1/16

印 张 12.5

字 数 156千字

版 次 2018年4月第1版

印 次 2018年4月第1次印刷

书 号 ISBN 978-7-213-08459-1

定 价 36.00元